술술 풀리는 사주

술술 풀리는 사주

인생이 꼬인
사람들을 위한
사주풀이
실전편

엄나연 지음

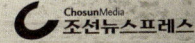
조선뉴스프레스

머리글

사람들은 흔히 사주 하면 비과학적인 미신이나 사이비 과학 정도를 떠올립니다. 사주명리나 음양오행을 단순히 헛소리로 보는 사람들도 적지 않습니다. 그럼에도 불구하고 사주 명리학은 인류의 오랜 역사 속에서 사라지지 않고 명맥을 이어오고 있습니다. 오히려 사회가 팍팍해질수록 사주 명리학을 찾고 이에 의존하는 사람들이 늘고 있으니 무슨 조화일까요. 뭔가 일을 추진하기 앞서, 혹은 벌려놓은 일이 어떻게 될지 불안할 때, 막연하게 앞날이 궁금하거나 힘든 일로 위로가 필요할 때 사람들은 운세를 보기 위해 사주 명리학을 찾습니다.

사주팔자는 단순히 예언이나 터무니없는 얘기가 아닙니다. 엄연히 자연의 이치를 따져 만든 학문으로 자연학이라고도 하며 명리학이라고도 하지요. 오랜 역사를 거치며 쌓인 데이터베이스를 바탕으로 하기 때문에 통계학과도 일맥상통하다고 볼 수 있습니다.

역학은 나름 체계를 갖춘 학문으로서 제대로 활용할 줄만 알면 생활의 지혜가 될 수 있습니다. 오행의 특성과 변화의 원리를 알면 자신의 건강이나 직업, 혹은 성격까지 두루두루 알 수 있습니다.

사주 명리학에서 상생과 상극의 원리는 심장 부분에 해당합니다. '목화토금수'라는 오행과 음양오행의 상생, 상극의 원리를 바탕으로 육친과 용신 개념을 파악하지 않으면 사주원국을 제대로 통변할 수가 없습니다. 수학도 방정식을 알아야 문제를 풀 수 있듯이 사주명리학도 22개의 천간지지를 외워야만 인생방정식의 사주 풀이가 가능합니다.

그냥 생년월일을 찍으면 사주풀이가 나오는 만세력 사이트만 들여다봐서는 자신의 운명을 제대로 해석할 수 없습니다. 아무리 들여다본들 자신의 인생방정식을 읽을 줄 모르면 아무런 의미가 없기 때문입니다. 우선 천간과 지지부터 순차적으로 외워둘 것을 권합니다.

천간이 하늘에서 움직이는 주체성이라면 지지는 땅에서 활동하는 활동 무대라 할 수 있습니다. 천간과 지지를 통틀어 간지라고 하지요. 우리는 보통 일을 시작하기 전에 '간을 본다'라는 말을 합니다. 이성의 마음을 떠보기 위해 간을 보고, 음식의

맛을 볼 때도 간을 본다고 하지요. 옷을 입어보고 거울 앞에 서면 점원 분이 손님에게 '간지가 난다'고 하고요.

우리는 항상 하늘과 땅의 기운을 받으며 매순간 이렇게 간을 보고 살아갑니다.

사주 명리학이 어렵게 느껴지는 분들도 있겠지만 사실 알고 보면 음양오행의 사주 명리학은 우리의 일상 곳곳에 스며 있습니다.

음양오행의 원리는 자연의 섭리와 살아가는 세상의 이치를 접목해야만 이해할 수 있습니다. 기본적인 음양오행의 원리만 터득해도 그다음 공부가 아주 수월해집니다.

인간의 신체는 자연의 이치와 똑 닮아 있습니다. 1년에 12개월 365일로 이루어져 있듯이 인체도 좌우로 12개의 정경과 365개의 경혈이 있습니다. 계절이 24계절이듯 인간의 척추는 24개의 뼈마디로 이루어져 있습니다. 지구가 오대양 육대주이듯 우리 몸은 오장육부로 이루어져 있지요. 자연과 인간은 그만큼 밀접한 관련을 맺고 있습니다. 사주를 공부하는 것은 나의 길흉화복을 점치는 걸 넘어서 자연의 이치를 깨닫는 일이기도 합니다.

이 책은 사주팔자를 직접 세우고 음양오행의 배치를 뽑는 사주의 기본 골격을 바탕으로 사주 명리학의 핵심, 육친법과 용신의 개념을 다룹니다. 첫 번째 책인 『운이 좋아지는 사주 공부』가 사주팔자의 기본적인 개념을 다뤘다면 이 책은 그 책의 심화 학습 실전편이라 할 수 있습니다. 음양오행의 상생과 상극 원리를 아는 것만으로는 타고난 팔자의 배치를 알게 된 것에 불과합니다. 이를 주체적으로 해석해내고 생활에 활용하기 위해선 반드시 육친법과 용신 개념을 알아야 합니다.

　사람의 운명은 천차만별입니다. 타고난 사주는 바꿀 수 없으나 운은 얼마든지 스스로 불러일으키고 만들어갈 수 있습니다. 팔자가 나쁘다고 신세 한탄이나 하고 있을 게 아니라 어떻게 하면 액을 피해갈 수 있는지 내게 부족한 기운은 뭔지, 인생의 장애물을 어떻게 넘어설 수 있는지를 고민해야 합니다. 그러기 위해선 자신의 사주를 스스로 풀 수 있어야 합니다.
　자신이 태어난 연월일시의 자리를 알고 이해하고 해석하는 모든 작업이 당신을 인생의 속박에서 자유롭게 해줄 것입니다.
　아무쪼록 이 책을 통해 인생의 다양한 변화에 능동적으로 대처할 수 있는 지혜를 얻어갔으면 하는 바람입니다.

2016년 1월
엄나연

머리글 • 4

1부 사주팔자의 뼈대 _음양오행과 십간십이지

우주를 관통하는 이치, 음양오행 • 13
천간과 십이지 • 15
왜 육십갑자라고 하나요? • 18
음양오행과 천간지지의 만남 • 20

2부 사주팔자 세우기

사주팔자란 무엇인가? • 27
연주 세우기 • 29
월주 세우기 • 34
일주 세우기 • 39
시주 세우기 • 41
사주팔자 인생의 전·후반전 • 46

3부 사주팔자 해석하기

오행의 상생과 상극 • 51
오행의 상생 작용(서로 보듬어주는 사이의 별) • 53
오행의 상극 작용(서로 불편한 사이의 별들) • 57
십간의 기본 성향 • 61
육십갑자의 성질 • 72
십이지의 구성표 • 82
'일간'으로 보는 상대방과의 애정지수도 • 96

4부 사주팔자의 핵심, 십신과 육친법

십신이란 • 110
육친의 개념 • 113
십신을 육친으로 분석하기 • 130
육친의 사회적 표상 • 134
육친 뽑기 실전 • 142
사주원국에서 과다한 육친 • 146
십신으로 보는 배우자운 • 148
신강사주와 신약사주란? • 157

5부 비장의 카드, 용신

용신의 개념 • 165

용신의 다섯 형식 • 166

용신 잡는 법 • 168

6부 남다른 개성과 내공으로 존재감을 드러내는 살

도화살 • 176

역마살 • 177

화개살 • 178

괴강살 • 179

백호살 • 180

양인살 • 181

귀인의 별자리(천을귀인) • 182

부록 • 184

1부

사주팔자의 뼈대

– 음양오행과 십간십이지

우주를 관통하는 이치, 음양오행

음양오행은 우주를 관통하는 이치다. 음양은 우주 만물의 서로 반대되는 두 가지 기운으로서 이원적 대립 관계를 나타낸다. 달과 해, 겨울과 여름, 북과 남, 여자와 남자 등은 모두 음과 양으로 구분된다. 음과 양은 서로 맞서지만 서로를 안에 품고 있다. 음이 극한 상태에 이르면 양이 되고, 양이 극한 상태에 이르면 음이 된다.

음과 양의 리듬에 따라 우리의 삶도 감정의 희로애락을 겪으며 생성과 변화의 과정을 반복한다.

이러한 음양은 다시 오행으로 분화되고 이 오행에 음양이 결부되면 모두 열 개가 된다. 다시 말해 태초 우주의 기운은 음과 양으로 분화되었다가 다시 오행인 목木, 화火, 토土, 금金, 수水로 분화되고 거기에 각각 음양이 붙어 양목/음목, 양화/음화, 양토/음토, 양금/음금, 양수/음수, 이렇게 10개의 천간이 탄생한다. 삶은 이러한 음양오행 사이의 갈등과 조화, 대립과 융합을 중심으로 흘러간다.

천간과 십이지

나라마다 고유의 언어와 문자가 있듯, 사주 명리학에도 기본 문자가 있다. 음양오행의 원리와 함께 반드시 알아야 할 문자가 바로 '천간天干'과 '지지地支'다.

천간은 하늘의 기운을 상징하는 10개의 글자를 말한다(갑을병정무기경신임계). 지지는 땅의 기운을 상징하는 12개의 글자를 말한다(자축인묘진사오미신유술해). 땅은 달의 주기를 상징하여 12개월로 나누어지며 계절의 변화를 뜻한다.

갑을甲乙(목), 병정丙丁(화), 무기戊己(토), 경신庚辛(금), 임계壬癸(수)가 바로 하늘을 움직이는 기운이다. 그리고 땅을 움직이는 기운이 바로 자子(수), 축丑(토), 인묘寅卯(목), 진辰(토), 사오巳午(화), 미未(토), 신유辛酉(금), 술戌(토), 해亥(수)라는 십이지다.

10간과 12지. 글자 수에 맞추어 이를 십간십이지라고 한다.

열 개의 하늘 10간

| 갑甲 | 을乙 | 병丙 | 정丁 | 무戊 | 기己 | 경庚 | 신辛 | 임壬 | 계癸 |

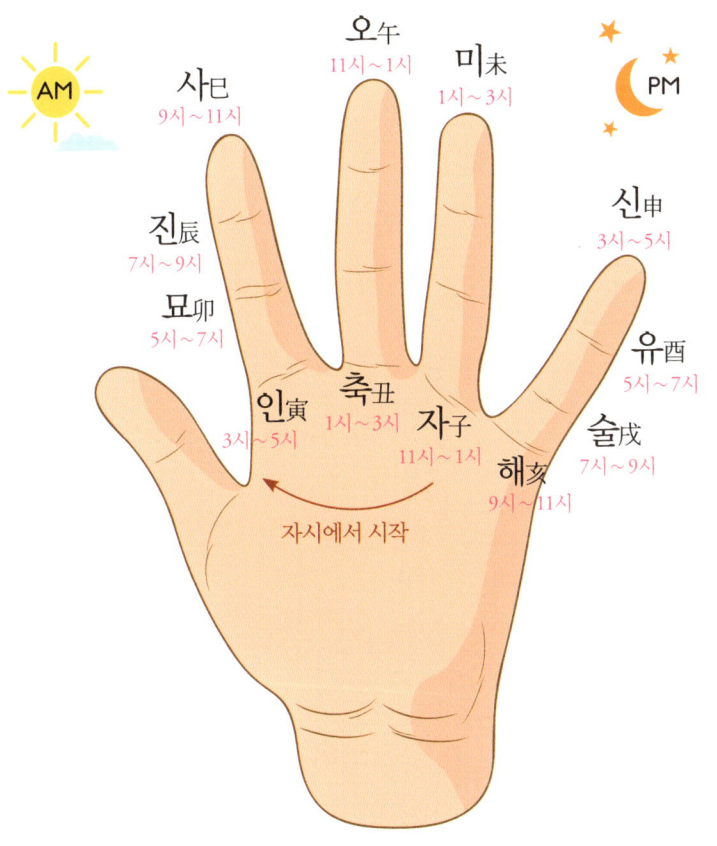

열두 개의 땅 12지

| 자子 | 축丑 | 인寅 | 묘卯 | 진辰 | 사巳 | 오午 | 미未 | 신申 | 유酉 | 술戌 | 해亥 |

왜
육십갑자라고 하나요?

십간과 십이지가 서로 결합한 것이 그해의 간지다. 천간의 첫 번째가 '갑甲', 지지의 첫 번째가 '자子', 이 둘의 결합인 갑자甲子가 출발점이 된다. 천간인 '갑을병정무기경신임계'를 지지인 '자축인묘진사오미신유술해'에 하나씩 대응시켜보자. 갑자, 을축, 병인, 정묘, 무진, 기사, 경오, 신미 …. 갑자에서 다시 갑자로 돌아오려면 60년이 소요된다. 60세를 '환갑'이라고 하는 건 60갑자를 한 번 돌았다는 의미다. 이런 간지의 순환을 가지고 한 사람의 인생을 풀어내는 것이 바로 사주 명리학이다.

육십갑자표

갑자甲子	을축乙丑	병인丙寅	정묘丁卯	무진戊辰	기사己巳	경오庚午	신미辛未	임신壬申	계유癸酉
갑술甲戌	을해乙亥	병자丙子	정축丁丑	무인戊寅	기묘己卯	경진庚辰	신사辛巳	임오壬午	계미癸未
갑신甲申	을유乙酉	병술丙戌	정해丁亥	무자戊子	기축己丑	경인庚寅	신묘辛卯	임진壬辰	계사癸巳
갑오甲午	을미乙未	병신丙申	정유丁酉	무술戊戌	기해己亥	경자庚子	신축辛丑	임인壬寅	계묘癸卯
갑진甲辰	을사乙巳	병오丙午	정미丁未	무신戊申	기유己酉	경술庚戌	신해辛亥	임자壬子	계축癸丑
갑인甲寅	을묘乙卯	병진丙辰	정사丁巳	무오戊午	기미己未	경신庚申	신유辛酉	임술壬戌	계해癸亥

음양오행과
천간지지의 만남

천간의 음양오행

갑을甲乙은 목木이다. 갑甲이 양(+), 을乙이 음(−)이다. 목은 봄의 뻗어 나가는 기운을 뜻한다. 흔히 갑목(양의 목), 을목(음의 목)이라 부른다. 갑목甲木이 위로 뻗어나가는 소나무의 기운이라면 을목乙木은 좌우로 뻗어가는 화초나 들풀에 가깝다.

병정丙丁은 화火다. 역시 병丙이 양이고, 정丁이 음이다. 병화丙火가 태양이라면 정화丁火는 촛불에 비유할 수 있다.

무기戊己는 토土의 기운이다. 무戊가 양의 토이며, 기己가 음의 토다. 보통 무토(양의 토), 기토(음의 토)라 부른다. 무토가 화기를 머금은 산이라면 음에 해당하는 기토는 습지나 평야를 의미한다.

경신庚申은 금金이다. 경금庚金이 양이고, 신금申金이 음이다. 경금이 단단한 바윗돌이라면 신금은 도끼나 보석에 해당한다.

임계壬癸는 물水이다. 임壬이 양이고, 계癸가 음의 기운이다. 임수壬水(양의 물), 계수癸水(음의 물)라 부른다. 임수가 바닷물이라면 계수는 옹달샘이다.

지지의 음양오행

땅의 기운인 지지는 천간의 열 개보다 두 개가 덧붙어 모두 열두 개다. 오행 중에서 '토土'가 두 개 늘었다. '토'는 매개와 조화를 담당한다. '목木'과 '화火'는 발산하는 기운이고 금수金水는 안으로 수렴하는 기운인데 이 둘을 매개하고 있는 것이 바로 '토'다. '자축인묘진사오미신유술해' 중에서 강조한 지지가 바로 토에 해당한다. '인묘寅卯'가 목木, 사오午巳가 화火, 신유申酉가 금金, 자子와 해亥가 수水에 해당한다. 그리고 축丑, 진辰, 미未, 술戌이 토土다. 앞에서부터 차례대로 양과 음을 반복한다. 자子가 양, 축丑이 음, 다시 인寅이 양, 묘卯가 음인 식이다.

지지의 음양오행

자子	축丑	인寅	묘卯	진辰	사巳	오午	미未	신申	유酉	술戌	해亥
양	음	양	음	양	음	양	음	양	음	양	음
水	土	木	木	土	火	火	土	金	金	土	水

2부

사주팔자 세우기

사주팔자란 무엇인가?

아이는 엄마 뱃속을 나오면서 울음을 터뜨리게 되는데 그때 우주의 기운이 호흡을 통해 아기의 신체에 각인된다. 탄생의 순간, 우리들은 달과 태양(음과 양), 그리고 지구에 직접적으로 영향을 미치는 다섯 개의 별, 목성, 화성, 토성, 금성, 수성(오행)의 밀고 당기는 역학적 배치에 의해 타고난 팔자가 구성된다. 사주란 '나를 이루는 네 개의 기둥'이란 뜻이다. 태어난 '연, 월, 일, 시'라는 네 개의 기둥을 기준으로 하늘의 기운(천간)과 땅의 기운(지지)이 내 몸에 깃든다. 연월일시라는 사주를 바탕으로 십간십이지의 팔자가 구성되는 것이다.

자, 그렇다면 사주팔자를 한번 세워보자.

시	일	월	연	
시간時干	일간日干	월간月干	연간年干	**천간**
시지時支	일지日支	월지月支	연지年支	**지지**
시주時柱	**일주**日柱	**월주**月柱	**연주**年柱	

네 개의 기둥은 각기 다른 이름을 갖고 있다. 태어난 연도의 기둥은 연주年柱, 월의 기둥은 월주月柱, 태어난 날의 기둥은 일주日柱, 시의 기둥은 시주時柱다.

팔자도 각기 정해진 이름이 있다.

연주의 천간은 연간年干, 지지는 연지年支다. 월주의 천간은 월간月干, 지지는 월지月支다. 일주의 천간은 일간日干, 지지는 일지日支다. 시주의 천간은 시간時干, 지지는 시지時支다.

연주 세우기

연주 세우기

우선 『만세력』을 보고 태어난 연도를 찾아 연주를 세워보자.

『만세력』의 2015년이란 연도 옆에 씌어진 두 글자가 바로 연주年柱다. 연年의 천간을 '연간年干'이라 하고 연年의 지지地支를 '연지年支'라고 한다.

시	일	월	연	
시간時干	일간日干	월간月干	연간年干	천간
시지時支	일지日支	월지月支	연지年支	지지
시주	일주	월주	연주	

연주를 세울 때 주의해야 할 점은 새해의 시작을 입춘立春으로 본다는 것이다.

일반적으로 한 해의 시작을 양력 1월 1일로 보지만 사주 명리학에서는 해가 바뀌는 기점을 절기 기준으로 보기 때문에 봄이 오는 입춘을 새해의 시작으로 본다.

『만세력』을 펼치고 태어난 연도의 간지干支를 보고 연주를 세워보자.

2016년 간지는 연주가 '병신丙申'년이다.

연간에는 병丙을 연지에는 신申을 적어놓고 옆에는 각각에 해당하는 오행인 병丙 = 火, 신申 = 金을 기입한다.

시時	일日	월月	연年	
			병丙(火)	천간
			신申(金)	지지

입춘立春 전에 아슬아슬하게 태어난 사람들은
특히 주의가 필요하다.
입춘 전에 태어났을 때는 전년도 연주를,
입춘 후에 태어났을 때는 금년도 연주를 세운다.

입춘이 지나야 새해가 시작된다 / 연도의 간지 / 월의 간지 / 절기 / 양력일 / 음력일 / 음력월 / 일의 간지

서기 2016년 병신 **丙申**

월(양력)	1월			2월			3월			4월			5월			6월		
월간지	己丑			庚寅			辛卯			壬辰			癸巳			甲午		
절기시작	소한小寒 6일 07:07 대한大寒 21일 00:26			입춘立春 4일 18:45 우수雨水 19일 14:33			경칩驚蟄 5일 12:43 춘분春分 20일 13:29			청명淸明 4일 17:27 곡우穀雨 20일 00:29			입하立夏 5일 10:41 소만小滿 20일 23:36			망종芒種 5일 14:48 하지夏至 21일 07:33		
양력	요일	음력	일진	요일	음력	일진	요일	음력	일진	요일	음력	일진	요일	음력	일진	요일	음력	일진
1	금	22	壬午	월	23	癸丑	화	23	壬午	금	24	癸丑	일	25	癸未	수	26	甲寅
2	토	23	癸未	화	24	甲寅	수	24	癸未	토	25	甲寅	월	26	甲申	목	27	乙卯
3	일	24	甲申	수	25	乙卯	목	25	甲申	일	26	乙卯	화	27	乙酉	금	28	丙辰
4	월	25	乙酉	목	26	丙辰	금	26	乙酉	월	27	丙辰	수	28	丙戌	토	29	丁巳
5	화	26	丙戌	금	27	丁巳	토	27	丙戌	화	28	丁巳	목	29	丁亥	5월	戊午
6	수	27	丁亥	토	28	戊午	일	28	丁亥	수	29	戊午	금	30	戊子	월	2	己未
7	목	28	戊子	일	29	己未	월	29	戊子	3월	己未	4월	화	3	庚申
8	금	29	己丑	1월	庚申	화	1	庚寅	금	2	庚申	월	2	庚寅	수	4	辛酉
9	토	30	庚寅	화	2	辛酉	2월	庚寅	토	3	辛酉	월	3	辛卯	목	5	壬戌
10	12월	辛卯	수	3	壬戌	목	2	辛卯	일	4	壬戌	화	4	壬辰	금	6	癸亥
11	월	2	壬辰	목	4	癸亥	금	3	壬辰	월	5	癸亥	수	5	癸巳	토	7	甲子
12	화	3	癸巳	금	5	甲子	토	4	癸巳	화	6	甲子	목	6	甲午	일	8	乙丑
13	수	4	甲午	토	6	乙丑	일	5	甲午	수	7	乙丑	금	7	乙未	월	9	丙寅
14	목	5	乙未	일	7	丙寅	월	6	乙未	목	8	丙寅	토	8	丙申	화	10	丁卯
15	금	6	丙申	월	8	丁卯	화	7	丙申	금	9	丁卯	일	9	丁酉	수	11	戊辰
16	토	7	丁酉	화	9	戊辰	수	8	丁酉	토	10	戊辰	월	10	戊戌	목	12	己巳
17	일	8	戊戌	수	10	己巳	목	9	戊戌	일	11	己巳	화	11	己亥	금	13	庚午
18	월	9	己亥	목	11	庚午	금	10	己亥	월	12	庚午	수	12	庚子	토	14	辛未
19	화	10	庚子	금	12	辛未	토	11	庚子	화	13	辛未	목	13	辛丑	일	15	壬申
20	수	11	辛丑	토	13	壬申	일	12	辛丑	수	14	壬申	금	14	壬寅	월	16	癸酉
21	목	12	壬寅	일	14	癸酉	월	13	壬寅	목	15	癸酉	토	15	癸卯	화	17	甲戌
22	금	13	癸卯	월	15	甲戌	화	14	癸卯	금	16	甲戌	일	16	甲辰	수	18	乙亥
23	토	14	甲辰	화	16	乙亥	수	15	甲辰	토	17	乙亥	월	17	乙巳	목	19	丙子
24	일	15	乙巳	수	17	丙子	목	16	乙巳	일	18	丙子	화	18	丙午	금	20	丁丑
25	월	16	丙午	목	18	丁丑	금	17	丙午	월	19	丁丑	수	19	丁未	토	21	戊寅
26	화	17	丁未	금	19	戊寅	토	18	丁未	화	20	戊寅	목	20	戊申	일	22	己卯
27	수	18	戊申	토	20	己卯	일	19	戊申	수	21	己卯	금	21	己酉	월	23	庚辰
28	목	19	己酉	일	21	庚辰	월	20	己酉	목	22	庚辰	토	22	庚戌	화	24	辛巳
29	금	20	庚戌	월	22	辛巳	화	21	庚戌	금	23	辛巳	일	23	辛亥	수	25	壬午
30	토	21	辛亥				수	22	辛亥	토	24	壬午	월	24	壬子	목	26	癸未
31	일	22	壬子				목	23	壬子				화	25	癸丑			

2부 사주팔자 세우기

서기 2014년 갑오甲午

월(양력)	1월	2월	3월	4월	5월	6월
월간지	乙丑	丙寅	丁卯	戊辰	己巳	庚午
절기 시작	소한小寒 5일 19:23	입춘立春 4일 07:02	경칩驚蟄 6일 01:01	청명淸明 5일 05:46	입하立夏 5일 22:59	망종芒種 6일 03:02
	대한大寒 20일 12:50	우수雨水 19일 02:59	춘분春分 21일 01:56	곡우穀雨 20일 12:55	소만小滿 21일 11:58	하지夏至 21일 19:50

양력	요일	음력	일진	요일	음력	일진	요일	음력	일진	요일	음력	일진	요일	음력	일진	요일	음력	일진
1	수	12월	壬申	토	2	癸卯	토	2월	辛未	화	2	壬寅	목	3	壬申	일	4	癸卯
2	목	2	癸酉	일	3	甲辰	일	2	壬申	수	3	癸卯	금	4	癸酉	월	5	甲辰
3	금	3	甲戌	월	4	乙巳	월	3	癸酉	목	4	甲辰	토	5	甲戌	화	6	乙巳
4	토	4	乙亥	화	5	丙午	화	4	甲戌	금	5	乙巳	일	6	乙亥	수	7	丙午
5	일	5	丙子	수	6	丁未	수	5	乙亥	토	6	丙午	월	7	丙子	목	8	丁未
6	월	6	丁丑	목	7	戊申	목	6	丙子	일	7	丁未	화	8	丁丑	금	9	戊申
7	화	7	戊寅	금	8	己酉	금	7	丁丑	월	8	戊申	수	9	戊寅	토	10	己酉
8	수	8	己卯	토	9	庚戌	토	8	戊寅	화	9	己酉	목	10	己卯	일	11	庚戌
9	목	9	庚辰	일	10	辛亥	일	9	己卯	수	10	庚戌	금	11	庚辰	월	12	辛亥

예문 2015년 2월 3일생

시주	일주	월주	연주	
			갑甲(木)	천간
			오午(火)	지지

입춘인 2월 4일 이전에 태어났으므로 연주는 전년도인 '갑오甲午'년이 된다. '갑甲'은 오행이 '목木'에 해당하고, '오午'는 '화火'에 해당하니 각각 '갑목甲木'과 '오화午火'를 적어 넣는다.

월 (양력)	1월			2월			3월			4월			5월			6월		
월 간지	丁丑			戊寅			己卯			庚辰			辛巳			壬午		
절기 시작	소한小寒 6일 01:20			입춘立春 4일 12:58			경칩驚蟄 6일 06:55			청명淸明 5일 11:38			입하立夏 6일 04:52			망종亡種 6일 08:57		
	대한大寒 20일 18:42			우수雨水 19일 08:49			춘분春分 21일 07:44			곡우穀雨 20일 18:41			소만小滿 21일 17:44			하지夏至 22일 01:37		
양력	요일	음력	일진	요일	음력	일진	요일	음력	일진	요일	음력	일진	요일	음력	일진	요일	음력	일진
1	목	11	丁丑	일	13	戊申	일	11	丙子	수	13	丁未	금	13	丁丑	월	15	戊申
2	금	12	戊寅	월	14	己酉	월	12	丁丑	목	14	戊申	토	14	戊寅	화	16	己酉
3	토	13	己卯	화	15	庚戌	화	13	戊寅	금	15	己酉	일	15	己卯	수	17	庚戌
4	일	14	庚辰	수	16	辛亥	수	14	己卯	토	16	庚戌	월	16	庚辰	목	18	辛亥
5	월	15	辛巳	목	17	壬子	목	15	庚辰	일	17	辛亥	화	17	辛巳	금	19	壬子
6	화	16	壬午	금	18	癸丑	금	16	辛巳	월	18	壬子	수	18	壬午	토	20	癸丑
7	수	17	癸未	토	19	甲寅	토	17	壬午	화	19	癸丑	목	19	癸未	일	21	甲寅
8	목	18	甲申	일	20	乙卯	일	18	癸未	수	20	甲寅	금	20	甲申	월	22	乙卯
9	금	19	乙酉	월	21	丙辰	월	19	甲申	목	21	乙卯	토	21	乙酉	화	23	丙辰

예문 2015년 3월 8일생

입춘이 지났으므로 연주는 금년도인 '을미乙未'년이 된다. '을乙'은 '목木'에 해당하고, '미未'는 '토土'에 해당하니, 각각 '을목乙木'과 '미토未土'를 적어 넣는다.

월주 세우기

월주 세우기

월주는 태어난 달의 기둥이다. 월주는 무엇보다 '절기'를 기준으로 한다. 절기 전인지 후인지를 꼭 확인해서 절기 전엔 전달의 월주를 세운다.

예를 들어 새해가 시작되는 입춘부터 한 달 후인 경칩 사이는 '무인戊寅'월이 되고 경칩부터 청명 사이는 '기묘己卯'월이 된다. 태어난 달의 천간은 '월간月干'이라 하고 태어난 달의 지지는 '월지月支'라고 한다.

2015년 3월 5일에 태어났으면 아직 절기가 지나지 않았기 때문에 전월의 월주인 무인戊寅월이 된다.

★ 월주를 세울 때는 절기 전인지 절기 후인지 꼭 확인한다.

서기 2015년 을미乙未

경칩인 3월 6일이 지나야 '기묘己卯'월이다.

월(양력)	1월	2월	3월	4월	5월	6월
월간지	丁丑	戊寅	己卯	庚辰	辛巳	壬午
절기 시작	소한小寒 6일 01:20 대한大寒 20일 18:42	입춘立春 4일 12:58 우수雨水 19일 08:49	경칩驚蟄 6일 06:55 춘분春分 21일 07:44	청명淸明 5일 11:38 곡우穀雨 20일 18:41	입하立夏 6일 04:52 소만小滿 21일 17:44	망종芒種 6일 08:57 하지夏至 22일 01:37

양력	요일	음력	일진	요일	음력	일진	요일	음력	일진	요일	음력	일진	요일	음력	일진	요일	음력	일진
1	목	11	丁丑	일	13	戊申	일	11	丙子	수	13	丁未	금	13	丁丑	월	15	戊申
2	금	12	戊寅	월	14	己酉	월	12	丁丑	목	14	戊申	토	14	戊寅	화	16	己酉
3	토	13	己卯	화	15	庚戌	화	13	戊寅	금	15	己酉	일	15	己卯	수	17	庚戌
4	일	14	庚辰	수	16	辛亥	수	14	己卯	토	16	庚戌	월	16	庚辰	목	18	辛亥
5	월	15	辛巳	목	17	壬子	목	15	庚辰	일	17	辛亥	화	17	辛巳	금	19	壬子
6	화	16	壬午	금	18	癸丑	금	16	辛巳	월	18	壬子	수	18	壬午	토	20	癸丑
7	수	17	癸未	토	19	甲寅	토	17	壬午	화	19	癸丑	목	19	癸未	일	21	甲寅
8	목	18	甲申	일	20	乙卯	일	18	癸未	수	20	甲寅	금	20	甲申	월	22	乙卯
9	금	19	乙酉	월	21	丙辰	월	19	甲申	목	21	乙卯	토	21	乙酉	화	23	丙辰

예문 2015년 3월 8일생

시주	일주	월주	연주	
		기己(土)	을乙(木)	천간
		묘卯(木)	미未(土)	지지

우선 2015년 3월 8일생이므로 입춘인 2월 4일을 넘겨 연주는 '을미'년이다. 그리고 경칩인 3월 6일을 넘겼으므로 월주는 전월인 '무인戊寅'월이 아닌 '기묘己卯'월이 된다.

월 (양력)	1월	2월	3월	4월	5월	6월
월 간지	丁丑	戊寅	己卯	庚辰	辛巳	壬午
절기 시작	소한小寒 6일 01:20 대한大寒 20일 18:42	입춘立春 4일 12:58 우수雨水 19일 08:49	경칩驚蟄 6일 06:55 춘분春分 21일 07:44	청명淸明 5일 11:38 곡우穀雨 20일 18:41	입하立夏 6일 04:52 소만小滿 21일 17:44	망종芒種 6일 08:57 하지夏至 22일 01:37

서기 2015년 **乙未**

양력	요일	음력	일진	요일	음력	일진	요일	음력	일진	요일	음력	일진	요일	음력	일진	요일	음력	일진
1	목	11	丁丑	일	13	戊申	일	11	丙子	수	13	丁未	금	13	丁丑	월	15	戊申
2	금	12	戊寅	월	14	己酉	월	12	丁丑	목	14	戊申	토	14	戊寅	화	16	己酉
3	토	13	己卯	화	15	庚戌	화	13	戊寅	금	15	己酉	일	15	己卯	수	17	庚戌
4	일	14	庚辰	수	16	辛亥	수	14	己卯	토	16	庚戌	월	16	庚辰	목	18	辛亥
5	월	15	辛巳	목	17	壬子	목	15	庚辰	일	17	辛亥	화	17	辛巳	금	19	壬子
6	화	16	壬午	금	18	癸丑	금	16	辛巳	월	18	壬子	수	18	壬午	토	20	癸丑
7	수	17	癸未	토	19	甲寅	토	17	壬午	화	19	癸丑	목	19	癸未	일	21	甲寅
8	목	18	甲申	일	20	乙卯	일	18	癸未	수	20	甲寅	금	20	甲申	월	22	乙卯
9	금	19	乙酉	월	21	丙辰	월	19	甲申	목	21	乙卯	토	21	乙酉	화	23	丙辰

예문 2015년 3월 5일생

시주	일주	월주	연주	
		무戊(土)	을乙(木)	천간
		인寅(木)	미未(土)	지지

역시 입춘을 넘겼으므로 연주는 '을미'년이다. 하지만 경칩인 3월 6일을 넘기지 않았으므로 월주는 '기묘己卯'월이 아닌 '무인戊寅'월이 된다.

절기

절기節氣는 계절을 알리는 신호다. 1년은 24절기 중에서 12절기에 해당하는 입춘, 경칩, 청명, 입하, 망종, 소서, 입추, 백로, 한로, 입동, 대설, 소한만을 사용한다. 이 12개의 절기가 새로운 달의 시작을 알린다.

새 달의 시작을 알리는 절기

1월	소한 겨울 중 가장 추운 때	2월	입춘 봄의 시작
3월	경칩 개구리가 잠에서 깨어남	4월	청명 봄 농사를 준비하는 시기
5월	입하 여름의 시작	6월	망종 씨를 뿌리는 시기
7월	소서 무더위의 시작	8월	입추 가을의 시작
9월	백로 이슬이 내리기 시작	10월	한로 찬 이슬이 내림
11월	입동 겨울의 시작	12월	대설 큰 눈이 옴

일주 세우기

일주는 바로 태어난 날의 간지를 말한다.『만세력』을 보고 태어난 날을 찾아 그대로 기록하면 되므로 가장 간단하다. 일주 중에서도 일간(태어난 날의 천간)은 바로 '나'를 상징하기 때문에 사주에서 가장 중요하다. 본인이 오행 중 어디에 속하는지를 정하는 자리가 바로 '일간'이다. 생일이 양력인 사람은 양력 날짜를, 음력인 사람은 음력 날짜를 찾으면 된다.

일주日柱 세우기

★ 절기와 상관없이 만세력에 있는 그대로 일주를 세운다.

월(양력)	1월	2월	3월	4월	5월	6월
월간지	丁丑	戊寅	己卯	庚辰	辛巳	壬午
절기시작	소한小寒 6일 01:20	입춘立春 4일 12:58	경칩驚蟄 6일 06:55	청명淸明 5일 11:38	입하立夏 6일 04:52	망종芒種 6일 08:57
	대한大寒 20일 18:42	우수雨水 19일 08:49	춘분春分 21일 07:44	곡우穀雨 20일 18:41	소만小滿 21일 17:44	하지夏至 22일 01:37

양력	요일	음력	일진	요일	음력	일진	요일	음력	일진	요일	음력	일진	요일	음력	일진	요일	음력	일진
1	목	11	丁丑	일	13	戊申	일	11	丙子	수	13	丁未	금	13	丁丑	월	15	戊申
2	금	12	戊寅	월	14	己酉	월	12	丁丑	목	14	戊申	토	14	戊寅	화	16	己酉
3	토	13	己卯	화	15	庚戌	화	13	戊寅	금	15	己酉	일	15	己卯	수	17	庚戌
4	일	14	庚辰	수	16	辛亥	수	14	己卯	토	16	庚戌	월	16	庚辰	목	18	辛亥
5	월	15	辛巳	목	17	壬子	목	15	庚辰	일	17	辛亥	화	17	辛巳	금	19	壬子
6	화	16	壬午	금	18	癸丑	금	16	辛巳	월	18	壬子	수	18	壬午	토	20	癸丑
7	수	17	癸未	토	19	甲寅	토	17	壬午	화	19	癸丑	목	19	癸未	일	21	甲寅
8	목	18	甲申	일	20	乙卯	일	18	癸未	수	20	甲寅	금	20	甲申	월	22	乙卯
9	금	19	乙酉	월	21	丙辰	월	19	甲申	목	21	乙卯	토	21	乙酉	화	23	丙辰

예문 2015년 3월 8일생

시주	일주	월주	연주	
	계癸(木)	기己(土)	을乙(木)	천간
	미未(土)	묘卯(木)	미未(土)	지지

40 술술 풀리는 사주

시주 세우기

〈시간지 조견표〉를 보고 본인의 일간日干과 태어난 시간을 대입하면 시주時柱를 알 수 있다.

태어난 시時를 모를 경우

- 얼굴이 크고 길며 입도 크다. 옆 가르마에 잠을 옆으로 자면

  인寅, 사巳, 신申, 해亥

- 얼굴이 둥글고 바른 가마이며 잠을 똑바로 자면

  자子, 오午, 묘卯, 유酉

- 얼굴이 위엄이 있으며 쌍가마이고 잠버릇이 심하면

  진辰, 술戌, 축丑, 미未

딱 들어맞는 방법은 아니지만 여덟 자가 아닌 여섯 자로도 충분히 사주를 볼 수 있다.

시주時柱 세우기

★ 연, 월, 일주는 『만세력』을 보고 찾았지만 시주는 〈시간지 조견표〉를 보고 확인해야 한다. 〈시간지 조견표〉를 보고 본인의 일간과 태어난 시간을 대입하면 시주를 알 수 있다.

출생시간	일간 생시	갑甲일 기己일	을乙일 경庚일	병丙일 신辛일	정丁일 임壬일	무戊일 계癸일
0:00 ~ 1:00	자子(오전)	갑자甲子	병자丙子	무자戊子	경자庚子	임자壬子
1:00 ~ 3:00	축丑	을축乙丑	정축丁丑	기축己丑	신축辛丑	계축癸丑
3:00 ~ 5:00	인寅	병인丙寅	무인戊寅	경인庚寅	임인壬寅	갑인甲寅
5:00 ~ 7:00	묘卯	정묘丁卯	기묘己卯	신묘辛卯	계묘癸卯	을묘乙卯
7:00 ~ 9:00	진辰	무진戊辰	경진庚辰	임진壬辰	갑진甲辰	병진丙辰
9:00 ~ 11:00	사巳	기사己巳	신사辛巳	계사癸巳	을사乙巳	정사丁巳
11:00 ~ 13:00	오午	경오庚午	임오壬午	갑오甲午	병오丙午	무오戊午
13:00 ~ 15:00	미未	신미辛未	계미癸未	을미乙未	정미丁未	기미己未
15:00 ~ 17:00	신申	임신壬申	갑신甲申	병신丙申	무신戊申	경신庚申
17:00 ~ 19:00	유酉	계유癸酉	을유乙酉	정유丁酉	기유己酉	신유辛酉
19:00 ~ 21:00	술戌	갑술甲戌	병술丙戌	무술戊戌	경술庚戌	임술壬戌
21:00 ~ 23:00	해亥	을해乙亥	정해丁亥	기해己亥	신해辛亥	계해癸亥
23:00 ~ 0:00	자子(오후)	병자丙子	무자戊子	경자庚子	임자壬子	갑자甲子

예문 2015년 3월 8일 오전 11시

시주	일주	월주	연주	
정丁(火)	계癸(水)	기己(土)	을乙(木)	천간
사巳(火)	미未(土)	묘卯(木)	미未(土)	지지

그렇다면 나의 사주를 한번 뽑아보자.

| 년 | 월 | 일 | 시 |

| 시간 | 일간 | 월간 | 연간 | 천간 |
| 시지 | 일지 | 월지 | 연지 | 지지 |

| 년 | 월 | 일 | 시 |

| 시간 | 일간 | 월간 | 연간 | 천간 |
| 시지 | 일지 | 월지 | 연지 | 지지 |

나의 대운은 언제 오나요?

대운은 사주에서 운의 주기가 바뀌는 기준 연령을 말한다. 대운은 10년마다 바뀐다. 예를 들어 대운수가 5이면 5세, 15세, 25세, 35세, 45세, 55세, 65세, 75세 등 10년 단위로 바뀐다.

대운大運은 월주의 간지를 중심으로 우선 본인이 양남陽男, 음녀陰女, 음남陰男, 양녀陽女 어느 쪽에 속해 있는지 확인해야 한다.

양남 음녀 운기의 흐름은 순행順行으로 음남 양녀 운기의 흐름은 역행逆行으로 간다.

예문 1988년 양력 8월 8일 축시생

시주	일주	월주	연주
정축	을미	경신	무진

무	정	병	을	갑	계	임	신	
진	묘	인	축	자	해	술	유	男
80	70	60	50	40	30	20	10	

순행

임	계	갑	을	병	정	무	기	
자	축	인	묘	진	기	오	미	女
71	61	51	41	31	21	11	1	

역행

갑병무경임 甲丙戊庚壬	양남陽男 **순행** 음녀陰女

본인의 월주의 간지가

을정기신계 乙丁己辛癸	양남陽男 **역행** 음녀陰女

본인 월주의 간지에서

★ **양남 음녀 순행한다** : 생일부터 다음 절기까지 날짜수와 시간을 모두 세어 그것을 3으로 나눈 몫을 대운수로 삼는다.

★ **음남 양녀 역행한다** : 생일에서 거꾸로 과거의 절기, 즉 앞 절기까지 날짜수와 시간을 모두 세어 그것을 3으로 나눈 몫을 대운수로 삼는다.

ate # 사주팔자
인생의 전·후반전

인생의 전반전은 반평생을 함께하는 부모님의 영향

- 연주와 월주는 인생의 전반전

인생의 후반전은 반평생을 차지하는 배우자와의 관계는 살아갈 때 매우 큰 영향을 끼친다고 볼 수 있다.

- 일주와 시주는 인생의 후반전

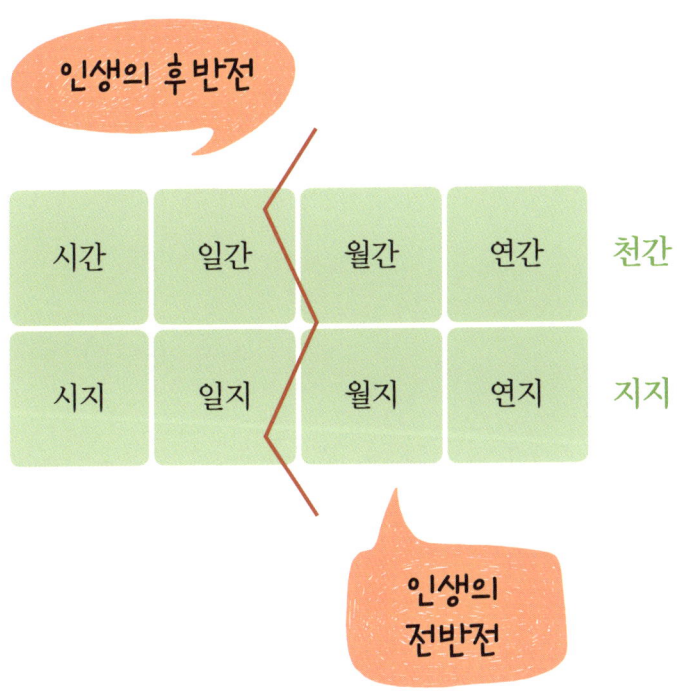

3부

사주팔자 해석하기

오행의
상생과 상극

사주팔자란 말에서 알 수 있듯이, 사주에서 오행은 여덟 개의 카드로 이루어져 있기 때문에 기본적으로 다섯 가지 기운이 골고루 갈 수 없고 어느 한쪽으로 치우칠 수밖에 없다. 다섯 가지 기운 중 분명 어느 부분이 넘치거나 적을 수밖에 없다. 이것이 바로 그 사람의 개성과 인격으로 발현되는 것이다.

오행의 기운은 서로 독립된 듯 보이지만 '상극'과 '상생'이라는 서로 상호적인 관계에 있다.

팔자는 내 안의 우주다. 그래서 팔자의 운동 역시 우주의 원리를 따라 오행의 상생 운동을 한다. 목생화 → 화생토 → 토생금 → 금생수 → 수생목의 방식으로 그림을 그리면 이런 형상이 된다.

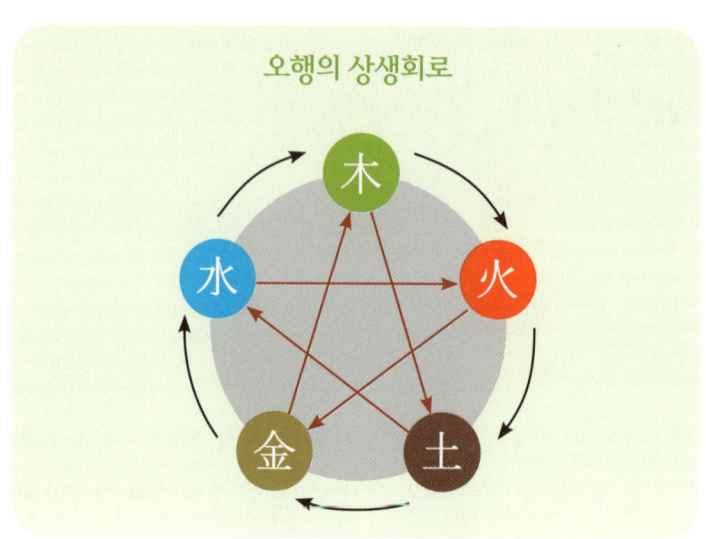

 하지만 이 동그라미 안에는 상극의 별도 있다. 목극토, 토극수, 수극화, 화극금, 금극목이다. 상생의 흐름이 부드럽다면 상극의 노선은 역동적이다. 상생과 상극을 합쳐 '생극生克'이라 한다.

오행의
상생 작용 (서로 보듬어주는 사이의 별)

'목木'은 '화火'를 생生하고, '화'는 '토土'를 생하고, '토'는 '금金'을 생하고, '금'은 '수水'를 생하고, '수'는 '목'을 생한다.

목생화 木生火   목은 화를 생한다.

불이 활활 타오를 때 가장 필요한 것은 뭘까? 바로 나무다. 나무를 장작으로 주면 불이 훨훨 타오른다. 그래서 목생화다.

화생토 火生土   불은 흙을 생한다.

불이 타고 남으면 재가 되어 흙으로 간다.

토생금 土生金   흙은 금속을 생한다.

철광석, 석탄 이런 것들은 바로 흙에서 나온다.

금생수金生水　　금속이나 광물은 물을 생성한다.

초정리 광청수란 말을 들어봤을 것이다. 우리나라 맥주 중 하나가 바로 이 초정리 광수로 제조된다. 광물이나 광석으로부터 물이 나오는 원리로 지하수를 생각하면 이해가 쉬울 것이다.

수생목水生木　　물은 나무나 식물을 키우고 생한다.

상생의 원리

무조건적이고 일방적인 사랑은 무기력해지기 쉬우므로 상생의 길도 적당해야 한다.

목다화식 木多火熄   나무가 지나치게 많으면 불이 꺼진다.

화다목분 火多木焚   불이 지나치게 강하면 나무는 몽땅 타버린다.

화다토척 火多土斥   불이 지나치게 강하면 흙이 쩍 갈라진다.

토다화회 土多火晦   흙이 지나치게 많으면 불이 꺼진다.

토다매금 土多埋金   흙이 지나치게 많으면 쇠가 묻힌다.

금다토약 金多土弱   쇠가 지나치게 많으면 흙은 매우 약해진다.

금다수탁 金多水濁   쇠가 지나치게 많으면 물이 탁해진다.

수다금침 水多金沈   물이 지나치게 많으면 쇠는 잠수를 탄다.

수다목표 水多木漂   물이 지나치게 많으면 나무가 뿌리를 내리지 못하고 물에 둥둥 떠다닌다.

목다수축 木多水縮   나무가 지나치게 많으면 물이 빠짝 오그라든다.

오행의
상극 작용 (서로 불편한 사이의 별들)

'목'은 '토'를 극(克)하고, '토'는 '수'를 극하고, '수'는 '화'를 극하고, '화'는 '금'을 극하고, '금'은 '목'을 극한다.

목극토 木克土   나무는 흙을 극한다.
흙이 아무리 탄탄하다 해도 나무는 흙에 뿌리를 내려 흙의 양분을 먹고 산다.

토극수 土克水   흙은 물을 극한다.
물이 아무리 범람해도 흙으로 제방해 막을 수 있다.

수극화 水克火   물은 불을 극한다.
물을 뿌리면 불이 꺼지듯 물은 불길을 제압한다.

화극금 火克金   불은 금을 극한다.

금속이 아무리 단단한들, 불을 이기지 못하고 녹아버린다. 단단한 철을 녹여 사용하려면 반드시 불이 필요하다.

금극목 金克木   금은 목을 극한다.

금속인 도끼는 나무를 찍어 내린다.

상극의 원리

극을 하는 힘이 너무 많거나 강하면 극을 받는 오행이 몹시 힘겹다.

목다토함 木多土陷 나무가 지나치게 강하면 흙은 반드시 함몰한다.

토다목절 土多木折 흙이 지나치게 강하면 나무는 꺾이고 만다.

화다금용 火多金熔 불이 지나치게 강하면 쇠는 녹아내린다.

금다화식 金多火熄 쇠가 지나치게 강하면 불이 꺼진다.

토다수리 土多水漓   흙이 지나치게 강하면 물이 스며든다.

수다토류 水多土流   물이 지나치게 강하면 흙이 떠내려간다.

금다목절 金多木折   쇠가 지나치게 강하면 나무가 잘려나가고 쓰러진다.

목다금결 木多金缺   나무가 지나치게 강하면 쇠가 휘어지고 문드러진다.

수다화식 水多火熄   물이 지나치게 많으면 불은 반드시 꺼지게 마련이다.

화다수증 火多水蒸   불이 지나치게 강하면 물이 증발하고 만다.

십간의
기본 성향

'갑을병정무기경신임계' 각각은 어떤 성향을 가지고 있을까?

보통 사주를 보면 자신이 태어난 날의 천간, 즉 일간을 가장 중요하게 본다. 일간이 바로 자기 자신을 상징하기 때문이다. 하지만 일간이란 하나의 본질이라기보다는 척도 혹은 나를 찾아가는 기준점이다. 이 기준점을 바탕으로 타인과의 관계를 점치고 내 안의 팔자를 점친다.

가령 자신의 일간이 '갑'이라면 그 사람은 오행이 '양의 목' 기운을 타고난 사람으로 본다. 목은 봄의 뻗어나가는 기운을 상징한다. 사람의 기질이나 성격에 적용하면 자신을 표현하는 속성이 강하고 일단 나서고 보는 성격이다. 나의 일간인 '갑'을 기준으로 내 안의 다른 오행과의 배치를 통해 자식복, 재물운, 애정운 등등을 점칠 수 있다.

그렇다면 십간이 지닌 각각의 성향들을 좀더 알아보자.

'갑'의 기본 성향

하늘을 향해 쭉쭉 뻗어나가는 나무의 성질이 있는 '거목'의 사람이다.

한결같은 성실함과 강한 추진력으로 한번 결정한 일에는 요지부동 끄떡도 하지 않는다.

뜻을 이루고자 차분하게 계획을 짜서 이루어 나가는 대기만성 스타일이다.

긴 세월에 걸쳐 높은 곳을 향해 성장하는 나무처럼 독립심, 자립심이 강하며 말수가 적고 생각이 깊은 스타일이다.

'을'의 기본 성향

산에 들에, 귀엽고 사랑스럽게 핀 '꽃'의 사람이다. 해맑고 순수해 누구와도 원만히 잘 지내는 편이다. 유달리 서비스 정신이 강하고 지기 싫어하는 구석이 있다. 자기주장이 분명하지만 소극적이고 신중한 편이라 누군가를 확실히 리드하는 타입은 아니다.

겉보기에 얌전하고 연약해 보이나 참을성과 인내심의 화신이기도 하다. 미적 감각이 남들보다 뛰어나다.

'병'의 기본 성향

너그럽고 시원시원한 성격에 밝고 쾌활한 '태양'의 사람이다.

긍정적이며 행동파라서 가만히 앉아 인생을 즐기는 스타일이 아니다.

태양의 운기를 받아서 작은 일에 연연해하지 않으며 위기가 닥쳐도 의연하게 일처리를 잘하는 타입이다.

인간관계도 원만하고 인기별을 갖고 있지만 끈기와 지구력이 약한 게 흠이다.

'정'의 기본 성향

로맨틱하고 섬세하며 지적인 '촛불'의 사람이다.

직관과 상상력이 남들보다 뛰어나지만 감정의 기복이 심하고, 호불호가 분명하다.

밤하늘에 빛나는 별이나 조용히 타오르는 촛불처럼 평온해 보인다.

어려움에도 자신의 길을 스스로 개척하며 밀어붙인다.

'무'의 기본 성향

파워가 있고 우두머리 기질이 있는 '산'의 사람이다. 통솔력과 리더십이 뛰어나고 약자를 돌보려는 기질이 있어 주변에 의지하려는 사람이 끊이질 않는다.

사람들로부터 신뢰를 쌓고 이를 바탕으로 재력을 쌓아올리는 타입이다.

모험을 즐기지 않는 안전 지향형이다. 하지만 호탕하고 거리낌 없는 스타일이라 가끔은 주변 사람들에게 한 턱 낼 줄 아는 스케일도 지녔다.

어떤 환경에도 적응력이 뛰어나다.

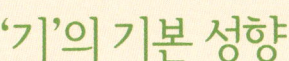

'기'의 기본 성향

표현력이 넘치는 '대지'의 사람이다.
  누구에게나 친절을 베풀고 상대방의 단점도 포용할 줄 아는 관용을 지녔다. 건실하며 사치스럽지 않고 꾸준히 저축하는 스타일로 인재를 육성하는 데도 소질을 타고났다.

'경'의 기본 성향

천성적으로 타고난 재주를 지닌 '강철'의 사람이다.

책상다리를 하고 가만히 있지 않으며 끊임없이 노력하는 타입이다.

강철을 두드리면 날카로운 칼날로 변화하듯이 돌직구 스타일이라 극단적인 말로 오해를 사서 분쟁의 씨앗을 만들기도 한다.

한번 싫어지면 안면 몰수해버리는 냉정하고 대쪽 같은 면이 있다.

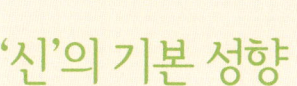

'신'의 기본 성향

기품 있고 아름답게 빛나는 화려한 '보석'의 사람이다.

악착같이 뭔가를 쫓기보다 우아한 삶을 추구한다.

감성이 예민하고 고집스러운 면도 있지만 내면은 여린 편이다. 수많은 장애를 극복하며 목표를 성취해내는 스타일이다.

'임'의 기본 성향

발상이 특이하고 대담한 성격을 지닌 '바다'의 사람이다. 모험심이 강하여 여행을 즐기고 낭비벽 또한 있다.

  구속받는 것을 싫어해 고독을 즐기는 한편, 정에 휩쓸릴 때도 있다. 해외를 드나드는 직종이나 외지 생활이 잘 맞는 타입이다.

'계'의 기본 성향

배려심과 자비심이 넘쳐나는 '시냇물'의 사람이다. 현실주의적인 경향이 있어 냉정하게 보일 수 있지만 내면은 따뜻하다. 화술도 뛰어나고 남다른 사교성을 자랑한다. 사고가 유연해 주변 분위기에 맞춰 변화를 줄줄 안다. 정직하고 호기심도 왕성하지만 이것저것 따지고 재는 바람에 절호의 기회를 놓치기도 한다.

육십갑자의 성질

갑자 甲子
감수성이 풍부하고 낙천적이다. 정해진 방향은 자신의 주장대로 밀고 나간다.

갑술 甲戌
의리와 인정으로 밀고 나가는 스타일이다. 한번 친구를 맺으면 끝까지 간다.

갑신 甲申
남편에게 헌신적인 아내들이 많다. 배우자의 바가지에 피곤할 수도 있다.

갑오 甲午
두뇌가 명석하고 일에 있어서는 누구보다 열심이다.

갑진 甲辰
변화무쌍한 애정도에 초혼보다 재혼에서의 행복도가 따른다.

갑인 甲寅
꼼꼼하고 냉철한 관찰력을 지녔다. 고지식한 성격으로 주위를 피곤하게 할 수도 있다.

을축 착실하게 꾸준히 일하는 타입이며, 은근한 고집으로 흥정에 능
乙丑 하다.

을해 냉정하고 침착해야 일하는 데 많은 도움과 기회가 찾아온다.
乙亥

을유 좋아하는 일에는 푹 빠져버리는 성격이라 원하는 게 있으면 꼬
乙酉 박 밤을 새워서라도 완성한다.

을미 조용하고 얌전해 보이지만 어지간한 일에는 눈 하나 깜짝 안
乙未 한다.

을사 조금은 수다스럽지만 세상 살아가는 수완이 좋다. 일확천금을
乙巳 꿈꾼다.

을묘 이론적으로 명암을 따지고 좋고 싫은 것이 분명하지만 의외로
乙卯 사람들이 많이 따른다.

| **병인**
丙寅 | 자신보다 타인을 위할 줄 알고 처세에도 능하다. |

| **병자**
丙子 | 원만한 성격에 밝고 개방적이지만 찬찬치 못하고 덤벙대는 것이 흠이다. |

| **병술**
丙戌 | 언제 보아도 동안인 모습이 귀엽지만 변덕이 죽을 끓는다. |

| **병신**
丙申 | 연애는 갈아타기를 잘하지만 예술 분야로 빠지면 성공한다. |

| **병오**
丙午 | 어디를 가나 분위기 메이커지만 약속을 잘 못 지키는 게 흠이다. 부모님과 일찍 떨어져 살면 운기가 강해진다. |

| **병진**
丙辰 | 용모단정에 다재다능한 스타일이다. 활동 범위가 넓고 남이 생각지도 못한 일을 해내는 저력이 있다. |

| 정묘
丁卯 | 상대방의 마음을 꿰뚫어보는 직관력이 뛰어나다. 개성이 강한 일을 해야 성공한다. |

| 정축
丁丑 | 자존심이 세고 체면과 체통을 중요하게 생각한다. |

| 정해
丁亥 | 리더의 자질을 갖췄지만 귀가 얇은 것이 흠이다. |

| 정유
丁酉 | 신경을 곤두세워서 요리조리 재는 것이 흠이지만 사교성이 좋고 돈벌이에 재주가 탁월하다. |

| 정미
丁未 | 정에 휩쓸리는 경향이 있으나 뒤늦게나마 성공하는 대기만성형이다. |

| 정사
丁巳 | 무례한 태도에 건방지게 보일 수도 있지만 성실한 편이라 인기가 있는 편이다. |

| 무진
戊辰 | 자립심이 강하고 구속받기를 싫어하며 자신의 신념을 관철시키는 한편, 남을 배려하는 마음 또한 강하다. |

| 무인
戊寅 | 우유부단해 보여도 강한 경쟁 의식으로 일을 척척 잘 이끌어 나간다. |

| 무자
戊子 | 독점력이 강하고 기예에 능하다. |

| 무술
戊戌 | 정에 약하고 낙천적이다. 능력 이상의 허튼 짓만 안 한다면 성공할 수 있다. |

| 무신
戊申 | 겸손하고 온화하지만 승부욕이 약하다. |

| 무오
戊午 | 선한 인상에 배짱이 두둑한 편이다. |

| 기사
己巳 | 통찰력이 뛰어나고 생존본능이 강해 어디서든 적응을 잘해나 간다. |

| 기묘
己卯 | 끈기가 있고 성실하지만 유혹에 약한 편이다. |

| 기축
己丑 | 독설적이라 오해를 사기 쉽지만 한번 결정한 것은 불도저같이 밀어붙이는 강한 기질이 있다. |

| 기해
己亥 | 퉁명스럽고 무뚝뚝해 보이지만 솔직한 것이 장점이다. 무슨 일이든 해내는 추진력도 뛰어나다. |

| 기유
己酉 | 리더보다는 보조 역할로 능력을 발휘한다. 불륜이나 삼각관계에 골치가 아플 수 있다. |

| 기미
己未 | 포용력과 사교성이 남달라 상대방 기분을 잘 살필 줄 알며 분위기 메이커로 손색이 없다. |

경오
庚午
연애나 결혼은 서툴지만 날카로운 감성으로 매사 일을 척척 처리해 나간다.

경진
庚辰
인기가 좋아서 본의 아니게 파트너가 자주 바뀔 수 있다. 참모 역할을 하면 성공한다.

경인
庚寅
자유분방한 성격의 기분파다. 생기가 넘치는 일이라면 무엇이든 잘 헤쳐 나간다.

경자
庚子
인내심이 강하고 사교성이 좋아서 누구나 잘 따른다. 연예인 직업이 어울린다.

경술
庚戌
소박하고 겸손하며 인간관계가 원만하다. 안정성과 장래성이 보장된 일이 적합하다. 전문직을 추천한다.

경신
庚申
옳고 그름을 명확하게 따지고 숫자에 강해서 은행원이나 공무원이 적성에 맞다.

신미
辛未
숨은 매력이 많아 주위에 팬들이 많다.

신사
辛巳
스타일리시하고 패션 감각이 뛰어나 멋 부리는 데 투자를 아끼지 않는다. 똑 부러진 성격에 주변 사람들이 당황해하기도 한다.

신묘
辛卯
욕구불만에 빠지기 쉽고 질투심이 강하다.

신축
辛丑
종잡을 수 없지만 미워할 수 없는 성격이기도 하다.

신해
辛亥
사람을 끌어들이는 재주가 있다.

신유
辛酉
융통성이 없는 반면, 일이나 연애에는 일편단심 민들레다.

임신
壬申
정직하고 주변 사람들로부터 좋은 평을 듣지만 고독하나.

임오
壬午
호기심이 왕성하다. 자격증을 따놓으면 따놓을수록 삶이 풍족해진다.

임진
壬辰
총명해서 주위의 시선을 한 몸에 받지만 가정적인 면이 부족하다.

임인
壬寅
통찰력이 있고 스케일이 크다. 밀당에 약하지만 로맨틱한 사랑을 추구한다.

임자
壬子
연예계에서 성공하는 사람들이 많다. 아양 떨고 아첨하는 사람을 싫어한다.

임술
壬戌
유행에 민감해서 센스를 살리는 프리랜서가 적합하다.

계유
癸酉
본인의 마음을 잘 드러내지 않지만 묘한 매력이 있다.

계미
癸未
원만한 대인관계에서 가끔 종잡을 수 없는 변덕을 부리기도 한다.

계사
癸巳
연애를 잘하며 나이 차이가 많은 남자와 인연이 있다.

계묘
癸卯
배려심이 깊은 전형적인 현모양처 스타일이 많다.

계축
癸丑
가만히 앉아서 거저먹기보다 자신의 성과와 실적으로 인정받기를 원한다.

계해
癸亥
누구에게나 두루두루 잘하는 인정파다. 무일푼으로 시작해서 자수성가하는 사람이 많다.

십이지의 구성표

[태어난 시와 계절을 이해하면 편하다]

　십이지十二支는 음양의 변화와 성쇠 과정을 순차적으로 설명한 것이다.

　천간天干이 하늘의 움직임을 오행으로 풀이한 것이라면 지지地支는 땅에서 활동하고 있는 모든 생명체의 존재 양식을 오행으로 풀이한 것이다.

★ '천간'이 '주체성'이라면 '지지'는 '활동무대'라고 할 수 있다.

자子(양)	쥐
축丑(음)	소
인寅(양)	호랑이
묘卯(음)	토끼
진辰(양)	용
사巳(음)	뱀
오午(양)	말
미未(음)	양
신申(양)	원숭이
유酉(음)	닭
술戌(양)	개
해亥(음)	돼지

자子

- 음력 11월 동짓달

- **자시**子時: 밤 11시~새벽 1시

- **성격**: 조직적이며 근면 성실하고 절약정신이 투철하다. 또한 사교적이면서 눈치가 무척 빨라 강한 생존력을 자랑한다. 무슨 일이든 스스로 인생을 개척해 나가는 성격이다. 아부성 발언이나 아첨을 잘하는 단점도 있다.

- **연애**: 짝사랑으로 몸살을 앓느니 서슴지 않고 고백하는 스타일이다. 연애에 있어서 열정적이다.

축 丑

- 음력 12월 섣달

- **축시**丑時: 새벽 1시~3시

- **성격:** 일복 하나는 타고난 성실한 성격의 소유자다. 소가 가진 특유의 성실함과 인내로 재산을 일궈낸다. 순종적인 듯하지만 자기 고집이 엄청 세다. 요행을 바라고 잔꾀를 부리는 성격이 못 된다. 우직하면서도 완고한 스타일이다.

- **연애:** 확신이 서기 전까진 시도해보지도 않는다.

인 寅

- 봄이 시작되는 음력 1월 정월正月

- 인시寅時: 새벽 3시~5시

- 성격: 성질이 급하고 괴팍하며 불같이 화를 내는 다혈질인 반면, 뒤끝은 없는 편이다. 머리로 화기운이 가니 머리가 빠지기 쉽다. 안분지족의 삶이 바로 호랑이의 삶이다. 명예를 추구하고 성장에 대한 욕망이 강하지만 욕망의 불일치로 인해 극단적인 자살을 시도하기도 한다.

- 연애: 마음에 드는 상대가 나타나면 대담하게 어필해 자기 사람으로 만드는 스타일이다.

묘 卯

- 완연한 봄기운이 느껴지는 음력 2월

- **묘시**卯時: 새벽 5시~7시

- **성격:** 인내심이 강하나 몸이 약해 뜻을 이루기 힘들다. 고민이 많아 사려가 깊으면서도 불안한 성격을 타고났다. 하지만 철저한 전략가이기도 하다. 마음이 약한 대신 지혜롭고 재치가 넘치며 섬세하다.

- **연애:** 독신주의자가 많다. 연애는 화려하게 하는 반면 결혼은 현실적으로 한다. 상대 배우자가 바람둥이거나 사고뭉치일 가능성이 있다.

 # 진辰

- 춥지도 덥지도 않은 음력 3월

- **진시**辰時: 아침 7시~9시

- **성격**: 큰 꿈을 품고 이상을 이루는 삶이 용의 삶이다. 하지만 과신이 지나치면 사고를 당할 수가 있으니 늘 겸손해야 한다. 유혹에 약하고 잘 속는 게 단점이다.

- **연애**: 첫사랑을 못 잊어 하면서도 결혼생활에 충실한 스타일이다.

사 巳

- 여름의 시작을 알리는 입하立夏 음력 4월

- **사시**巳時: 오전 9시~11시

- **성격**: 대인관계가 넓지 못하여 다른 사람과 쉽게 어울리지 못하지만 숨은 재주가 많고 품위가 있으며 언변이 뛰어나다.

- **연애**: 원거리 연애는 젬병! 불같은 사랑을 하며 한 사랑을 위해 최선을 다한다.

오午

- 갈수록 더워지는 음력 5월

- 오시午時: 오전 11시~오후 1시

- 성격: 언제나 남보다 한 발 앞서가는 성격이다. 쾌활한 성격과 폭넓은 대인관계로 인해 도처에 알고 지내는 사람들이 많다. 정보 수집력도 뛰어나다.

- 연애: 금방 달아올랐다가 또 금방 식어버리는 스타일이다. 기질이 변덕스러워 사랑에 쉽게 빠지고 뜨거운 상사병을 앓기도 한다.

- 가장 무더운 삼복더위

- 미시未時: 오후 1시~3시

- **성격:** 자신이 아끼는 사람들에게는 헌신적이나 숨은 고집이 있으며 도도한 스타일이다.

- **연애:** 밀당을 좋아하지 않으며 상대방을 세심하게 배려하면서 사랑을 키워간다.

신 申

- 입추 가을의 시작인 음력 7월

- 신시申時: 오후 3시~5시

- 성격: 탁월한 재능과 배우적 기질을 타고났다. 융통성이 있어 늘 새로운 환경이나 변화에 잘 대처해 나간다

- 연애: 연애만 하다가 혼기를 놓칠 수도 있다.

유 酉

- 가을의 시작인 음력 8월

- **유시**酉時**:** 오후 5시~저녁 7시

- **성격:** 항상 남의 이목을 끌고 재기발랄하다. 화려한 조명을 받는 연예인이나 인기종목인 운동선수로 성공할 가능성이 크다. 예지력이 발달해 유명한 역술인이나 무당이 되기도 한다.

- **연애:** 눈이 높아 재고 따지는 것이 많은 까다로운 스타일이다. 하지만 커플이 되면 상대방에게 최선을 다한다.

술 戌

- 가을의 끝자락인 음력 9월

- 술시戌時: 저녁 7시~9시

- 성격: 평생 사람들 뒤치다꺼리를 하느라 피곤하다. 하지만 나름 한도 선을 그어놓고 호의를 베푸는 편이다. 나랏일에 관심이 많다.

- 연애: 몸과 마음이 혼연일체된 훈훈한 사랑을 꿈꾼다.

해 亥

- 겨울의 시작을 알리는 음력 10월

- 해시亥時: 저녁 9시~11시

- 성격: 고단한 현실을 꿋꿋하게 헤쳐 나가는 스타일로 다양한 사람들과 연을 맺고 풍류를 즐기는 성향이 있다.

- 연애: 가능성이 희박해도 주의의 시선에 개의치 않고 도전해보는 스타일이다.

'일간'으로 보는
상대방과의 애정지수도

천간으로 상대방과의 애정지수를 확인해보자.

가령, 나의 일간이 '갑목甲木'이라고 해보자. 갑甲은 나무의 성질을 가지고 있기 때문에 일간이 흙의 성질을 가진 '기己'인 사람을 만나면 서로 부족한 것을 채워주는 관계로 발전할 수 있다.

반대로 일간이 나를 극하는 금의 성질의 '경庚'인 사람은 나를 극하여 강하게 단련시키는 그런 존재라 할 수 있다.

그렇다면 나와 같은 일간을 가진 사람이라면 어떨까?

일간이 같으면 보통 의기투합이 잘되고 허물없이 터놓고 지내는 반려자가 될 수 있다.

지금 만나고 있는 사람이 있거나 관심 있는 사람이 있다면 상대방의 일간을 알아보고 나와 애정지수가 어떻게 되는지 한 번 점쳐보자.

나의 일간과 상대방의 일간으로 체크하는 애정 지수도

상대방	갑甲의 일간
갑甲	의기투합이 잘되어 터놓고 지내는 사이
을乙	무의식적으로 신경이 쓰이는 상대
병丙	지켜주고 안아주고 보듬어주고 아낌없이 베풀고 싶은 상대
정丁	서로를 자극하는 다루기 어려운 상대
무戊	서로 생각하는 것은 다르지만 놀면서 알아가는 사이
기己	부족한 것을 서로 채워주는 믿음직한 상대
경庚	나를 강하게 단련시키는 상대
신辛	같이 있으면 어리광을 부리면서 기대고 싶은 상대
임壬	공통점은 눈을 씻고 찾아봐도 없는 나를 압도하는 상대
계癸	둘도 없는 친구로 지내는 사이

예문

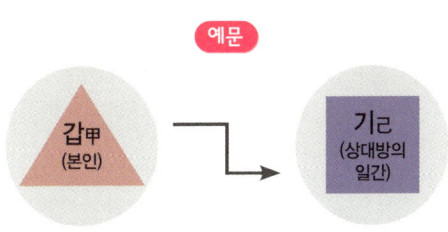

부족한 것을 서로 채워주는 믿음직한 파트너

상대방	을乙의 일간
갑甲	무의식적으로 신경이 쓰이는 상대
을乙	의기투합이 잘되어 터놓고 지내는 사이
병丙	서로를 자극하는 다루기 어려운 상대
정丁	지켜주고 안아주고 보듬어주고 아낌없이 베풀고 싶은 상대
무戊	부족한 것을 서로 채워주는 믿음직한 상대
기己	서로 생각하는 것은 다르지만 놀면서 알아가는 사이
경庚	같이 있으면 어리광을 부리면서 기대고 싶은 상대
신辛	나를 강하게 단련시키는 상대
임壬	둘도 없는 친구로 지내는 사이
계癸	공통점은 눈을 씻고 찾아봐도 없는 나를 압도하는 상대

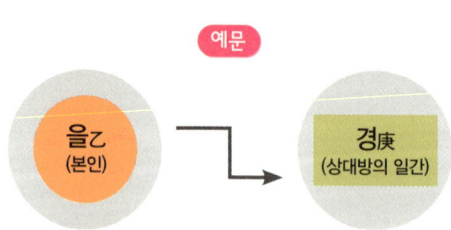

부족한 것을 서로 채워주는 믿음직한 파트너

상대방	병丙의 일간
갑甲	공통점은 눈을 씻고 찾아봐도 없는 나를 압도하는 상대
을乙	둘도 없는 친구로 지내는 사이
병丙	의기투합이 잘되어 터놓고 지내는 사이
정丁	무의식적으로 신경이 쓰이는 상대
무戊	지켜주고 안아주고 보듬어주고 아낌없이 베풀고 싶은 상대
기己	서로를 자극하는 다루기 어려운 상대
경庚	서로 생각하는 것은 다르지만 놀면서 알아가는 사이
신辛	부족한 것을 서로 채워주는 믿음직한 상대
임壬	나를 강하게 단련시키는 상대
계癸	상대같이 있으면 어리광을 부리면서 기대고 싶은 상대

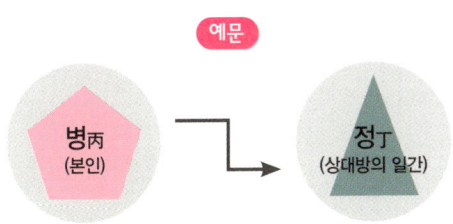

무의식적으로 신경이 쓰이는 상대

상대방	정丁의 일간
갑甲	둘도 없는 친구로 지내는 사이
을乙	공통점은 눈을 씻고 찾아봐도 없는 나를 압도하는 상대
병丙	서로를 자극하는 다루기 어려운 상대
정丁	의기투합이 잘되어 터놓고 지내는 사이
무戊	무의식적으로 신경이 쓰이는 상대
기己	지켜주고 안아주고 보듬어주고 아낌없이 베풀고 싶은 상대
경庚	부족한 것을 서로 채워주는 믿음직한 상대
신辛	서로 생각하는 것은 다르지만 놀면서 알아가는 사이
임壬	같이 있으면 어리광을 부리면서 기대고 싶은 상대
계癸	나를 강하게 단련시키는 상대

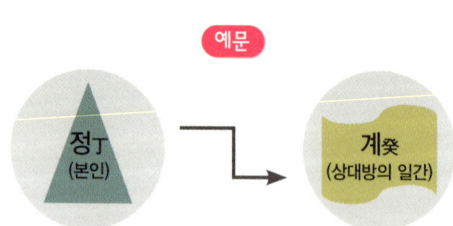

나를 강하게 단련시키는 상대

상대방	무戊의 일간
갑甲	나를 강하게 단련시키는 상대
을乙	같이 있으면 어리광을 부리면서 기대고 싶은 상대
병丙	공통점은 눈을 씻고 찾아봐도 없는 나를 압도하는 상대
정丁	둘도 없는 친구로 지내는 사이
무戊	의기투합이 잘되어 터놓고 지내는 사이
기己	무의식적으로 신경이 쓰이는 상대
경庚	지켜주고 안아주고 보듬어주고 아낌없이 베풀고 싶은 상대
신辛	서로를 자극하는 다루기 어려운 상대
임壬	서로 생각하는 것은 다르지만 놀면서 알아가는 사이
계癸	부족한 것을 서로 채워주는 믿음직한 상대

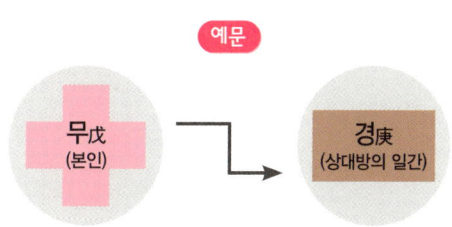

지켜주고 안아주고 보듬어주고 아낌없이 베풀고 싶은 상대

상대방	기己의 일간
갑甲	같이 있으면 어리광을 부리면서 기대고 싶은 상대
을乙	나를 강하게 단련시키는 상대
병丙	둘도 없는 친구 사이
정丁	공통점은 눈을 씻고 찾아봐도 없는 나를 압도하는 상대
무戊	무의식적으로 신경이 쓰이는 상대
기己	의기투합이 잘되어 터놓고 지내는 사이
경庚	서로를 자극하는 다루기 어려운 상대
신辛	지켜주고 안아주고 보듬어주고 아낌없이 베풀고 싶은 상대
임壬	부족한 것을 서로 채워주는 믿음직한 상대
계癸	서로 생각하는 것은 다르지만 놀면서 알아가는 사이

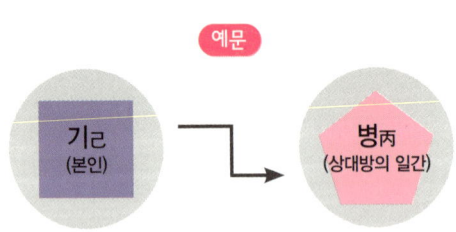

둘도 없는 친구 사이

상대방	경庚의 일간
갑甲	서로 생각하는 것은 다르지만 놀면서 알아가는 사이
을乙	부족한 것을 서로 채워주는 믿음직한 상대
병丙	나를 강하게 단련시키는 상대
정丁	같이 있으면 어리광을 부리면서 기대고 싶은 상대
무戊	공통점은 눈을 씻고 찾아봐도 없는 나를 압도하는 상대
기己	둘도 없는 친구 사이
경庚	의기투합이 잘되어 터놓고 지내는 사이
신辛	무의식적으로 신경이 쓰이는 상대
임壬	지켜주고 안아주고 보듬어주고 아낌없이 베풀고 싶은 상대
계癸	서로를 자극하는 다루기 어려운 상대

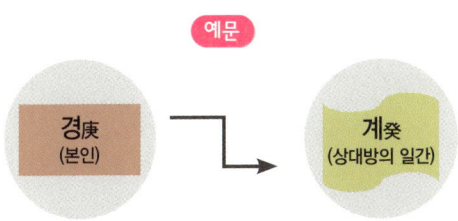

서로를 자극하는 다루기 어려운 상대

상대방	신辛의 일간
갑甲	부족한 것을 서로 채워주는 믿음직한 상대
을乙	서로 생각하는 것은 다르지만 놀면서 알아가는 사이
병丙	같이 있으면 어리광을 부리면서 기대고 싶은 상대
정丁	나를 강하게 단련시키는 상대
무戊	둘도 없는 친구 사이
기己	공통점은 눈을 씻고 찾아봐도 없는 나를 압도하는 상대
경庚	무의식적으로 신경이 쓰이는 상대
신辛	의기투합이 잘되어 터놓고 지내는 사이
임壬	서로를 자극하는 다루기 어려운 상대
계癸	지켜주고 안아주고 보듬어주고 아낌없이 베풀고 싶은 상대

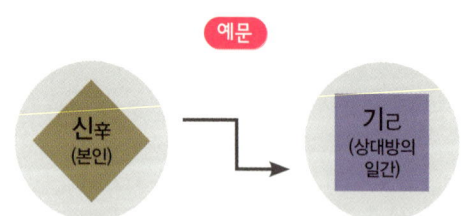

공통점은 눈을 씻고 찾아봐도 없는 나를 압도하는 상대

상대방	임壬의 일간
갑甲	지켜주고 안아주고 보듬어주고 아낌없이 베풀고 싶은 상대
을乙	서로를 자극하는 다루기 어려운 상대
병丙	서로 생각하는 것은 다르지만 놀면서 알아가는 사이
정丁	부족한 것을 서로 채워주는 믿음직한 상대
무戊	나를 강하게 단련시키는 상대
기己	상대같이 있으면 어리광을 부리면서 기대고 싶은 상대
경庚	공통점은 눈을 씻고 찾아봐도 없는 나를 압도하는 상대
신辛	둘도 없는 친구 사이
임壬	의기투합이 잘되어 터놓고 지내는 사이
계癸	무의식적으로 신경이 쓰이는 상대

예문

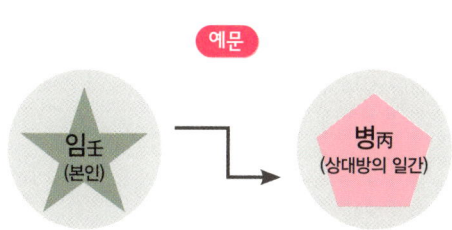

서로 생각하는 것은 다르지만 놀면서 알아가는 사이

상대방	계癸의 일간
갑甲	서로를 자극하는 다루기 어려운 상대
을乙	지켜주고 안아주고 보듬어주고 아낌없이 베풀고 싶은 상대
병丙	부족한 것을 서로 채워주는 믿음직한 상대
정丁	서로 생각하는 것은 다르지만 놀면서 알아가는 사이
무戊	상대같이 있으면 어리광을 부리면서 기대고 싶은 상대
기己	나를 강하게 단련시키는 상대
경庚	둘도 없는 친구 사이
신辛	공통점은 눈을 씻고 찾아봐도 없는 나를 압도하는 상대
임壬	무의식적으로 신경이 쓰이는 상대
계癸	의기투합이 잘되어 터놓고 지내는 사이

예문

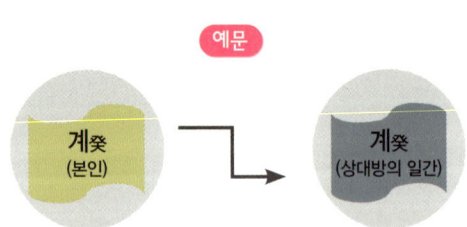

의기투합이 잘되어 터놓고 지내는 사이

4부

사주팔자의 핵심, 십신과 육친법

연월일시로 고정되어 있는 사주팔자는 사실 오행의 배치다. 오행은 상생으로 상극으로 연결된다. 여기에서는 어떠한 위계도 없다. 오행은 상호작용하는 하나의 원 속에서 상생과 상극을 되풀이한다. 육친법은 이러한 오행의 흐름을 시대적, 사회적 욕망의 틀로 재해석하려는 것이다. 명칭이 친족관계로 이루어져 있기 때문에 육친이라고 한다. '일간'이라는 '나'를 중심으로 기운이 형성되고 그 기운이 관계를 만들어 인적 네트워크를 형성한다. 보통 사주 하면 재운, 관운, 부모복, 남편복 등등부터 떠올리는데 이것을 알아보는 것이 바로 십신과 육친법이다.
 사주 명리학의 핵심이자 노른자에 해당하는 육친법과 십신에 대해 알아보자.

십신이란

십신이란 나를 뜻하는 일간日干을 기준으로 일간을 제외한 주변의 3개의 천간(연간, 월간, 시간)과 4개의 지지(연지, 월지, 일지, 시지) 사이의 상생과 상극 관계를 설명하는 사주 명리학의 용어다.

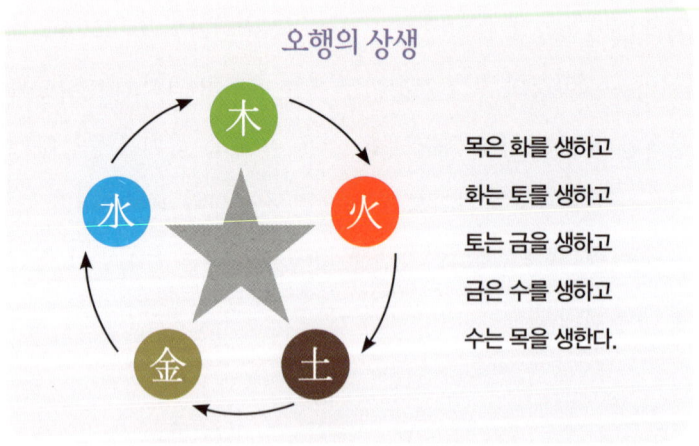

오행의 상생

목은 화를 생하고
화는 토를 생하고
토는 금을 생하고
금은 수를 생하고
수는 목을 생한다.

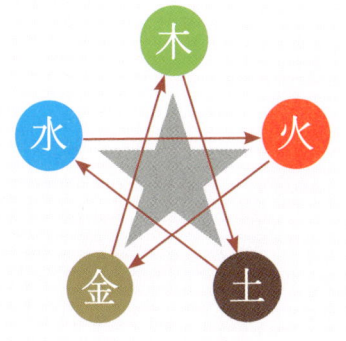

오행의 상극

목은 토를 극하고
토는 수를 극하고
수는 화를 극하고
화는 금을 극하고
금은 목을 극한다.

반복해서 말하지만 오행은 각각 상생과 상극이 맞물려 있다.

십신은 비겁比劫(비견比肩과 겁재劫財), 식상食傷(식신食神과 상관傷官), 재성財星(편재偏財와 정재正財), 관성官星(편관偏官과 정관正官), 인성印星(편인偏印과 정인正印)이라는 열 가지의 관계를 뜻한다.

비견, 겁재, 식신, 상관, 편재, 정재, 편관, 정관, 편인, 정인의 10개 신神으로 분류되어 있으며 친족관계를 말할 때는 육친이라고 한다. 십신은 타고난 사주팔자의 운세를 지배하는 인생항로에서 길흉화복을 점치는 안테나 역할을 하고 있다.

십신 또는 육친은 사주의 뿌리를 움켜쥔 핵심 역할을 하고 있기 때문에 십신을 알지 못하면 사주를 공부하는 데 있어서 항상 겉돌고 헤맬 수 있다. 친족관계를 뜻하는 육친의 연결고리만 잘만 이해하면 그리 어렵지는 않을 것이다.

육친의 개념

육친은 말 그대로 부모형제, 처자식을 뜻한다. 우리는 주변사람들과 항상 영향을 주고받으며 살고 있다. 말하자면 육친은 나를 둘러싼 인적 네트워크를 말한다. 비겁은 나의 확장이니 동료, 라이벌 등이 된다. 식신은 여성에게는 자식이고 남성에게는 처가 식구 등이 해당된다. 재성은 일단 아버지다. 자신의 재물운을 규정하는 조건이 바로 아버지의 재력이기 때문이다. 남성에게는 아버지 말고 부인, 혹은 여자가 되기도 한다. 관성은 여성에게는 남편이 되고 남성에게는 자식이 된다. 특히 오이디푸스 콤플렉스라는 말도 있듯이 아버지와 아들은 기본적으로 상극이다. 인성은 남녀 모두에게 어머니가 된다. 인성은 보통 공부운을 뜻한다. 강남 엄마들의 치맛바람을 생각하면 알 수 있듯 아이의 교육을 관장하는 것은 주로 엄마다. 인성이 발달하면 어머니, 즉 자신을 생하고 충전시켜주는 존재로부터의 도움이 따른다.

십신과 육친의 구성

비겁	비견比肩	나(일간)와 오행이 같고 음양이 같은 것	형제나 친구, 선후배, 고집, 주체성
	겁재劫財	나(일간)와 오행이 같고 음양이 다른 것	
식상	식신食神	내가(일간이) 생하고 음양이 같은 것	자식(여자의 경우), 제자, 의식주, 변화, 표현, 예술
	상관傷官	내가 생하고 음양이 다른 것	
재성	편재偏財	내가 극하고 음양이 같은 것	아버지, 아내(남자의 경우), 재물, 결과물, 일
	정재正財	내가 극하고 음양이 다른 것	
관성	편관偏官	나를 극하고 음양이 같은 것	남편(여자의 경우), 자식(남자의 경우) 직장, 명예, 사회적 관계, 시련
	정관正官	나를 극하고 음양이 다른 것	
인성	편인偏印	나를 생하고 음양이 같은 것	어머니, 스승, 후견인, 글과 학문, 의존성
	정인正印	나를 생하고 음양이 다른 것	

비겁

비견比肩과 겁재劫財는 일간과 오행이 같은 관계를 말하는데 이 중에서 일간의 음양까지 같으면 '비견'이고 오행은 같지만 음양이 다르면 '겁재'라고 한다.

예를 들어 일간이 갑목이라고 해보자. 갑목은 양의 목이다. 갑목과 같은 오행(목의 기운)을 천간과 지지에서 찾아보자.

비겁은 바로 '나'인 '갑목'과 같은 오행을 말한다. 갑목과 같은 오행(목의 기운)을 천간과 지지에서 찾으면 천간에선 '갑甲', '을乙'이 있고 지지에선 '인寅'과 '묘卯'가 있다. 그중에서 갑목과 같은 음양을 가진 오행을 '비견'이라 하고 음양이 다른 오행을 '겁재'라 한다. 갑목처럼 양의 기운을 가진 오행은 천간에선 '갑'이 해당되고, 지지에선 '인'이 해당된다. 즉 일간이 갑목인 사람에게 '비견'은 '갑, 인'이 된다. 한편 갑목과 음양이 다른 오행인 겁재는 천간에서 '을', 지지에서 '묘'가 해당된다.

비겁 { **비견** – '나'와 같은 오행이면서 음양이 같은 것: 갑甲, 인寅
겁재 – '나'와 같은 오행이면서 '나'와 음양이 다른 것: 을乙, 묘卯

'목木'인 '나'를 중심으로 목木 → 화火 → 토土 → 금金 → 수水의 순으로 그린다.

일간과 오행이 같은 '비견'과 '겁재'를 통칭해 '비겁'이라 한다.

갑甲	을乙	병丙	정丁	무戊	기己	경庚	신辛	임壬	계癸
양	음	양	음	양	음	양	음	양	음
목木		화火		토土		금金		수水	

자子	축丑	인寅	묘卯	진辰	사巳	오午	미未	신申	유酉	술戌	해亥
양	음	양	음	양	음	양	음	양	음	양	음
수水	토土	목木	토土	화火	토土	금金	토土	수水			

식상

식신食神과 상관傷官은 일간인 내가 생하는 오행이다. 생하는 관계에서 일간과 음양까지 같은 것을 '식신'이라 하고 일간과 음양이 다른 것을 '상관'이라 한다.

> 예를 들면 일간이 갑甲이라고 할 때 갑은 목木이고 목 중에서도 양의 목에 해당한다. 상생에서 보면 목은 화를 생한다 해서 목생화木生火이니 화가 바로 식신食神과 상관傷官이 된다. 그중에서 음양이 같은 화인 병丙과 오午가 식신이고 음양이 다른 화인, 정丁과 사巳는 상관으로 불린다.
> 만약 일간이 을乙이라고 하면 을은 음의 목이기 때문에 음양이 같은 화인 식신은 정丁과 사巳이며 음양이 다른 화火인 상관은 병丙과 오午가 된다.

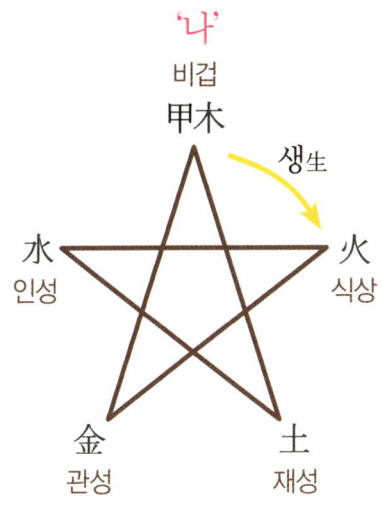

식상 { 식신 – 내가 생하고 음양이 같은 것: 병丙, 오午
      상관 – 내가 생하고 음양이 다른 것: 정丁, 사巳

일간이 생하는 '식신'과 '상관'을 통칭해 '식상食傷'이라 한다.

갑甲	을乙	병丙	정丁	무戊	기己	경庚	신辛	임壬	계癸
양	음	양	음	양	음	양	음	양	음
목木		화火		토土		금金		수水	

자子	축丑	인寅	묘卯	진辰	사巳	오午	미未	신申	유酉	술戌	해亥
양	음	양	음	양	음	양	음	양	음	양	음
수水	토土	목木	토土	화火		토土	금金		토土	수水	

재성

편재偏財와 정재正財는 일간인 내가 극하는 오행이다. 극하는 관계에서 음양이 같은 것을 '편재'라 하고, 음양이 다른 것을 '정재'라 한다.

> 예를 들어 일간이 갑甲이라고 할 때 갑은 양의 목이고 토土를 극한다 하여 목극토木克土이니 '토'가 바로 '편재와 정재'가 된다. 토 중에서도 일간과 음양이 같은 양의 토인 무戊, 진辰, 술戌이 편재偏財이며, 음의 토인 기己, 미未, 축丑이 정재正財가 된다. 만약 일간이 을乙이면 을이 음의 목이니 을과 같은 음의 토인 기己, 미未, 축丑이 편재이며 양의 토인 무戊, 진辰, 술戌이 정재가 된다.

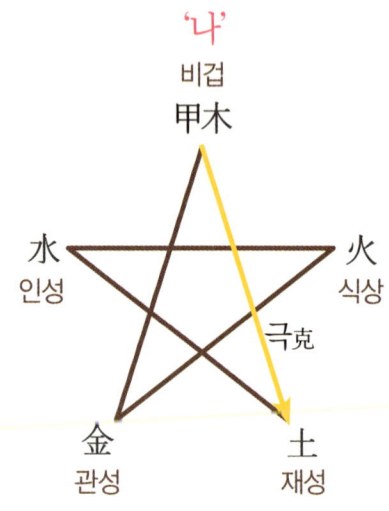

재성 〈 **편재** – 내가 극하고 음양이 같은 것: 무戊, 진辰, 술戌
       정재 – 내가 극하고 음양이 다른 것: 기己, 미未, 축丑

편재偏財와 정재正財를 통칭해 일간이 극하는 대상을 재성이라 한다.

갑甲	을乙	병丙	정丁	무戊	기己	경庚	신辛	임壬	계癸
양	음	양	음	양	음	양	음	양	음
목木		화火		토土		금金		수水	

자子	축丑	인寅	묘卯	진辰	사巳	오午	미未	신申	유酉	술戌	해亥
양	음	양	음	양	음	양	음	양	음	양	음
수水	토土	목木	토土	화火	토土		금金		토土		수水

관성

편관偏官과 정관正官은 일간인 '나'를 극하는 오행이다. 앞의 재성(편재와 정재)은 일간인 내가 극했지만 이번에는 반대로 일간이 극을 당하는 관계를 뜻한다. 일간을 극하는 오행 중에서 일간과 음양까지 같은 것을 '편관'이라 하고 일간과 음양이 다른 것을 '정관'이라 한다.

> 예를 들어 일간이 갑甲이라고 해보자. 갑은 양의 목木이고 목을 극하는 것은 금金이다. 금 중에서 갑과 음양이 같은 양의 금金은 경庚과 신申이고 이것이 편관偏官이 된다. 그리고 음양이 다른 음의 금은 천간의 신辛과 지지地支의 유酉가 되며 이것이 정관正官이다.
>
> 만약 일간이 을이면 음양이 다른 을乙이 음의 목이다. 음의 금인 신辛, 유酉가 편관偏官이며 양의 금인 경庚, 신申은 정관正官이 된다.

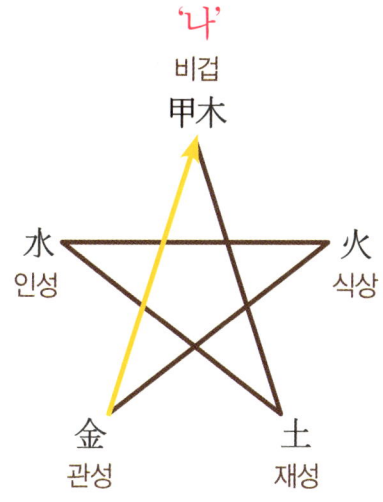

관성 ⟨
　편관 – '나'를 극하고 음양이 같은 것: 경庚, 신申
　정관 – '나'를 극하고 음양이 다른 것: 신辛, 유酉

'편관'과 '정관'을 통칭해 일간을 극하는 오행을 '관성'이라 한다.

갑甲	을乙	병丙	정丁	무戊	기己	경庚	신辛	임壬	계癸
양	음	양	음	양	음	양	음	양	음
목木		화火		토土		금金		수水	

자子	축丑	인寅	묘卯	진辰	사巳	오午	미未	신申	유酉	술戌	해亥
양	음	양	음	양	음	양	음	양	음	양	음
수水	토土	목木	토土	화火	토土	금金	토土	수水			

인성

편인偏印과 정인正印은 일간을 생하는 오행이다.

앞의 관성(편관과 정관)은 일간을 극했지만 편인偏印과 정인正印은 반대로 일간을 도와주고 생한다.

일간을 생하는 오행 중에서 일간과 음양이 같으면 '편인', 일간과 음양이 다르면 '정인'이라 한다.

> 예를 들어 일간이 갑甲이라고 해보자. 갑은 양의 목木이고 목을 생하는 것은 수水가 되어 수생목水生木이다. 수 중에서도 양의 수인 임壬과 해亥가 편인偏印이고 음의 수인 계癸와 자子가 정인正印이 된다.
> 만일 일간이 을이면 음의 수인 '계'와 '자'가 편인이고, 양의 수인 '임'과 '해'가 정인이 된다.

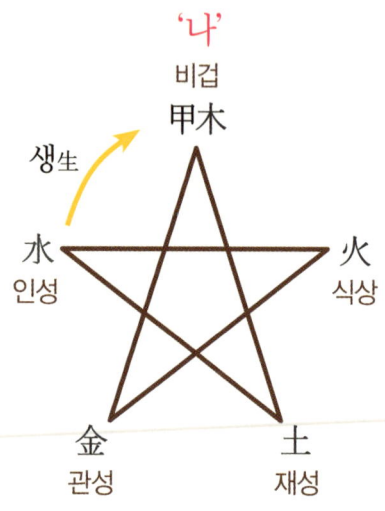

인성 ⟨ **편인** – '나'를 생하고 음양이 같은 것: 임壬, 해亥
　　　 정인 – '나'를 생하고 음양이 다른 것: 계癸, 자子

편인偏印과 정인正印을 통칭해 일간을 생하는 오행을 인성이라고 한다.

갑甲	을乙	병丙	정丁	무戊	기己	경庚	신辛	임壬	계癸
양	음	양	음	양	음	양	음	양	음
목木		화火		토土		금金		수水	

자子	축丑	인寅	묘卯	진辰	사巳	오午	미未	신申	유酉	술戌	해亥
양	음	양	음	양	음	양	음	양	음	양	음
수水	토土	목木	토土	화火	토土			금金		토土	수水

십신을
육친으로 분석하기

나와 같은 것 > 비겁

비견, 겁재: 형제나 친구 선후배 등 나와 비슷한 동등한 위치의 사람들과의 관계를 뜻한다.

> 음양이 같으면 비견
> 음양이 다르면 겁재

비겁이라고 하는 것은 나와 똑같은 것이 하나 더 있는 것이다. 주관이 강하고 남에게 간섭받기를 싫어하며 자기 멋대로 하고 싶어 한다.

사주에서 비겁이 많으면 고집이 세다.

내가 생하는 것 ▶ 식상

식신, 상관 : 나의 에너지를 소모해서 활동을 하는 모든 것에 해당된다. 여성의 경우엔 '자식'일 수도 있고 내가 교육시키는 '제자'도 될 수 있다.

> 음양이 같으면 식신
> 음양이 다르면 상관

식상이라고 하는 것은 나의 기운을 남에게 주고 표현하고 발산하는 것이다. 내가 가지고 있는 것을 베풀기 좋아하니 인정이 많다.

사주에 식상이 없으면 일을 하는 방법과 수단에서 융통성이 없다.

내가 극하는 것 ▶ 재성

편재, 정재 : 내가 통제하고 부양하는 관계를 말한다. 남녀 모두 아버지를 의미하며 (남자의 경우엔 아내가 됩니다) 재성은 부富를 상징한다.

> 음양이 같으면 편재
> 음양이 다르면 정재

재성은 재물이자 결과물인데 내가 취해서 얻은 재물이다. 돈과 여자이며 모든 활동의 결과물이 해당한다.
 사주에 재성이 없으면 여자가 따르지 않는다.

나를 극하는 것 ▶ 관성 또는 관살

 편관, 정관 : 나를 통제하고 관리하는 모든 관계를 말한다. 관성은 귀貴다. 남자 사주에는 '자식'을 뜻한다(여자의 경우에는 남편에 해당된다).

> 음양이 같으면 편관
> 음양이 다르면 정관

나를 꼼짝달싹 못하게 만드는 법, 질서, 조직, 국가가 이에 해당한다. 관성이 있는 사람은 질서를 잘 지키고 윤리의식이 강하다. 사주에 관성이 없으면 직장 생활에 고충이 따른다.

나를 생하는 것 — 인성

편인, 정인 : 나를 보육하고 교육하는 사람이다(남녀모두 어머니 역할이다). 스승, 후견인 같은 사람들이 이에 속한다.

> 음양이 같으면 **편인**
> 음양이 다르면 **정인**

나를 살아가게 만들어주고 보살펴주는 존재다. 나를 도와주는 것이니 윗사람이요, 문서요, 도장이며 전문적인 지식을 길러주는 글과 학문이다. 사주에 인성이 없으면 자수성가해서 만인에게 보란 듯이 잘살면 그만이다. 오히려 인성이 너무 발달하면 믿는 구석이 있어 나태하고 게으를 수 있다.

육친의
사회적 표상

비겁 → 식상 → 재성 → 관성 → 인성의 흐름을 살펴보자.

식상으로 기운을 내고 이것을 밑천 삼아 재성으로 자산을 만들어낸다(기운의 발산). 식상에서 재성으로 이어지는 발산의 흐름에서 이제 그 흐름을 거두면서 내적으로 수렴하는 기운이 바로 관성과 인성이다. 관성은 재성을 순환시키면서 내가 이룬 것들을 사회적으로 환원하면서 작동한다. 관성은 돈이 흐르는 방향을 규정하는 힘으로 사회의 조직 능력이나 리더십에 해당한다. 나를 극하는 관성을 지나면 일간인 나를 낳아주는 기운, 즉 인성에 도달한다. 나를 극하는 기운을 극복하고 나서야 바로 상생의 관계로 들어설 수 있는 것이다.

발산의 흐름을 지나 나를 단련시키는 리듬이 관성과 인성이다. 음양오행의 생극의 원 속에서 비겁, 식상, 재성, 관성, 인성이라는 열 개의 배치는 존재의 리듬이자 우주 삼라만상의 순환

육친六親 (십신)

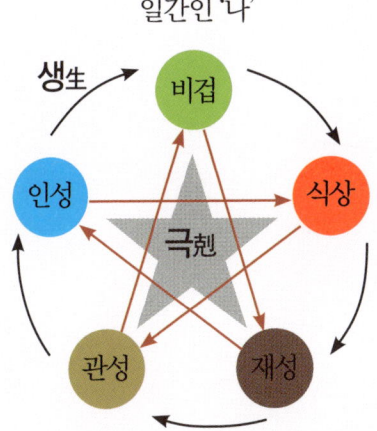

생生 비겁 → 식상 → 재성 → 관성 → 인성 → 비겁

극剋 비겁 → 재성 → 인성 → 식상 → 관성 → 비겁 → 재성

원리를 드러낸다. 누구든 자신의 힘과 재능을 발휘해 밥벌이를 하고(식상→재성) 사회적 조건 안에서 관계를 만드는 훈련을 하고(관성) 그 과정에서 매순간 배움과 깨달음을 얻는다(인성).

 아이가 엄마의 뱃속에서 나와 엄마의 젖을 먹으며 부모의 보호 아래 성장한다(식상과 재성). 대학을 졸업하고 사회적 관계망으로 들어가 사회생활을 시작하고(관성) 사회적 존재로서 자신을 훈련시키는 가운데 깨달음과 배움을 얻는 것이다(인성). 한 개인의 성장 과정뿐만 아니라, 사회나 국가, 나아가 인류 문명의 흥망성쇠가 모두 육친의 순환 원리를 따른다.

비견

비견은 일간과 동일한 오행을 뜻한다. 일간이 '을목乙木'이라면 목기를 지닌 천간지지가 비겁이 된다. 비견은 음양도 같아서 나와 나란히 어깨를 겨루는 기운이다. 나의 확장이자 연장이라고 볼 수 있다.

★ 사주 명리학에서는 형제자매나 친구, 동료, 그리고 조력자를 뜻한다.

겁재

겁재는 내 안의 또 다른 '나'이자 나와 맞서는 라이벌을 뜻한다. 라이벌이나 경쟁자를 가지려면 그에 걸맞은 내공이 있어야 한다. 그래서 비견과 마찬가지로 나의 확장, 혹은 확대라 볼 수 있다.

★ 겁재는 이복 형제자매, 라이벌, 친구, 열등감 등을 상징한다.

식신

식신은 일간이 생하는 오행으로 음양이 같은 것을 말한다. 재능, 연구력, 남자의 능력이나 여자의 자식 등 내가 외부를 향해 생하는 기운이다. 식신이라는 말 그대로 먹을 복은 타고났다. 식신은 예술적인 면이 뛰어나고 한 우물을 파는 학자 스타일이 많다. 밥 한 그릇이라도 나누어먹으면서 정을 나누는 후한 인품이 특징이다. 그래서 식신이 있는 여성은 자식에게 후하고 스승은 제자에게 관대하다. 하지만 식신이 너무 많으면 한 가지 일을 제대로 못하고 게으를 수 있다.

상관

상관은 무엇보다 다재다능하고 사람들과 어울리는 것을 좋아한다. 상관이라는 말 그대로 관에 상처를 주고 관을 견제한다. 넘치는 끼로 똘똘 뭉친 연예인들이 특히 식상에 강하다. 그 밖에도 말재주가 있는 변호사, 혹은 의사 등 대중을 상대로 한 직업이 어울린다. 말과 끼가 재산이지만 사주에 식상이 많으면 자칫 비난의 표적이 되기 쉽고 구설에 오르기 쉽다.

편재

편재는 일간이 극하는 기운으로 음양이 서로 같은 것을 말한다. 편재와 정재는 모두 재산을 운용하는 재주가 있다. 정재는 안정된 직업이 어울리며 편재는 자유로운 프리랜서 활동에 가깝다. 진짜 재물의 주인이 되려면 정재보다는 편재가 있어야 한다. 하지만 편재는 불규칙한 재물을 의미하여 재물이 들락날락하는 변수가 많고, 풍류를 좋아해 돈을 헤프게 쓰는 경향이 있다.

정재

정재는 일간이 극하는 기운으로 음양이 서로 다른 것을 뜻한다. 편재에 비해 정재는 바른 재산이다. 평생 안정된 재물을 추구하는 보수적인 성격이 많다. 성실하게 돈을 모으는 착실한 스타일이지만 다소 쫀쫀한 속성도 갖고 있다. 사주에 정재가 월지에 있으면 집안이 좋은 사람을 며느리로 맞이하거나 아버지 할아버지로부터 많은 유산을 상속받게 된다.

★ 정재는 명예, 번영, 개인자산, 상속받은 재물을 상징한다.

편관

나를 극하는 기운으로 편관은 음양이 같다. 나를 극하는 기운이기 때문에 많으면 곤란하다. 관은 말하자면 스트레스다. 이러한 스트레스를 감당해내면 관운이 강해진다. 인내심으로 고난을 이겨내면 결국 실력이 된다. 인간은 사회적 동물이라 주체를 강하게 압박하는 장애물을 넘어서야만 사회적 존재로서 힘을 발휘할 수 있다. 관성 중에서도 편관이 들면 고집이 세고 자기 방어가 강할 뿐 아니라 원칙과 명예를 추구한다. 사주에 관살이 많으면 사신을 옥죄거나 억압하는 경향이 있고, 관살이 없으면 절제 없는 방탕한 생활을 즐긴다.

정관

정관은 바른 관이라 하여 명예와 체면을 중시하며 합리적으로 조직을 이끈다. 정관 운을 만나는 해가 되면 운이 크게 상승한다. 정관은 비록 일간을 극하지만 칠살七殺과 달리 길신으로 본다. 하지만 사주에 너무 많으면 재물을 잃고 빈곤하게 살 수 있다. 정관은 벼슬, 권세, 일자리, 정 많은 상사를 상징한다.

편인

일간인 나를 생하는 기운으로 음양이 서로 같다. 오행 구조상 인성은 뿌리 역할을 한다. 내가 가진 재능을 발산할 수 있으려면 우선 내공이 쌓여야 하는데 바로 이 내공에 해당하는 것이 인성이다. 편인은 요령이 좋고 기회 포착이 빠르다. 하지만 편인은 자신을 생하는 기운이 어머니, 혹은 후견인으로부터 나온다. 편인이 많은 사람 중엔 사고뭉치, 골칫덩어리들이 많다. 독립심이 부족해 집에서 뒹굴고 비실대기 때문에 반드시 어머니가 필요한 사주다.

정인

일간을 생하면서 음양이 서로 다른 것을 말한다. 나를 생하는 인자한 어머니를 상징한다. 진실한 어머니가 인자한 마음으로 나를 챙겨준다.

★ 정인은 지혜, 총명, 학문, 덕성, 자비 등을 상징한다.

육친 뽑기 실전

본인의 일간을 기준으로 연주, 월주, 시주의 음양오행을 비교해 보면서 육친을 뽑아보자.

갑甲	을乙	병丙	정丁	무戊	기己	경庚	신辛	임壬	계癸
양	음	양	음	양	음	양	음	양	음
목木		화火		토土		금金		수水	

자子	축丑	인寅	묘卯	진辰	사巳	오午	미未	신申	유酉	술戌	해亥
양	음	양	음	양	음	양	음	양	음	양	음
수水	토土	목木	토土	화火	토土	금金	토土	수水			

예문 갑오년 경오월 임신일 정미시에 태어난 사람의 경우

시	일	월	연
정재	본인 일간	편인	식신
정丁 미未	임壬 신申	경庚 오午	갑甲 오午
정관	편인	정재	정재

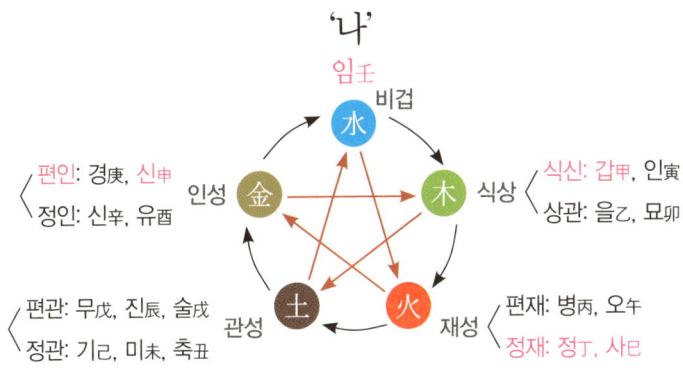

먼저 '나'인 '임壬'을 별의 꼭대기에 적어보자.

'임'은 양의 수水에 해당한다.(목→화→토→금→수→목→화→토→금→수) '수→목→화→토→금'을 차례로 그려 넣는다.

예문 무술년 계해월 정해일 경자시에 태어난 사람의 경우

시	일	월	연
정재	본인 일주	편관	상관
경庚 자子	정丁 해亥	계癸 해亥	무戊 술戌
편관	정관	정관	상관

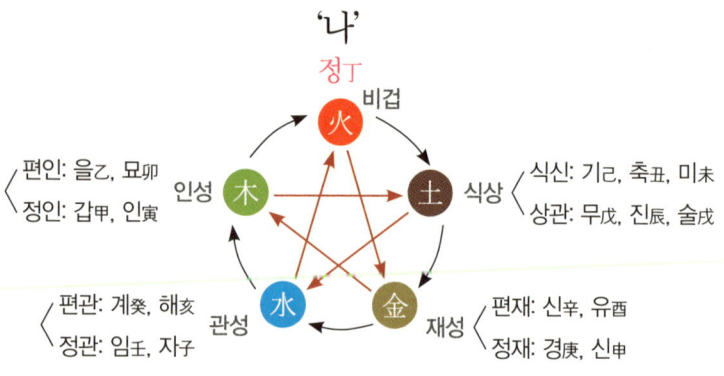

먼저 '나'인 '정丁'을 별 꼭대기에 적는다. '정'은 음의 화火에 해당한다.

예문 무술년 경신월 기기일 기사시에 태어난 사람의 경우

시	일	월	연
비견	본인 일주	상관	겁재
기己 사巳	기己 기己	경庚 신申	무戊 술戌
정인	정인	상관	겁재

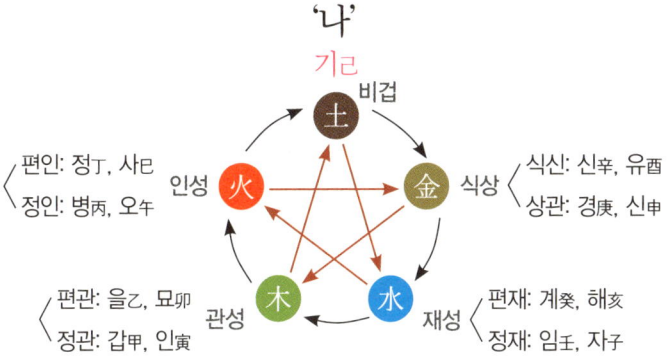

먼저 '나'인 '기己'를 별 꼭대기에 적고, '토 → 금 → 수 → 목 → 화' 순으로 적어 나간다.

4부 사주팔자의 핵심, 십신과 육친법

사주원국에서
과다한 육친

비겁이 과다한 경우

밖에서는 친절하고 좋은 사람이지만 집안에서는 다소 폭력적인 경우가 많다. 형제나 동료 혹은 동업자들 사이에서 돈 문제로 골치가 아플 수 있으며 여성의 경우 시댁과의 갈등이 심할 수 있다.

하지만 예술 · 문화계, 방송 · 연예계로 빠지면 성공한다.

식상이 과다한 경우

남성은 자식과, 여성은 남편과 불화할 수 있다.

말과 끼가 과도하게 넘치면 자칫 구설에 오를 수 있고 관성을 치게 되니 공적 책임감이나 리더십에 있어서 치명적인 결함이 생긴다.

관성이 과다한 경우

남성은 과격하고 독선적이며 권위적일 수 있고 여성은 폭력적인 남성을 만날 가능이 크다.

한 직장을 꾸준히 오래 다니지 못하지만 자유롭게 독립적으로 할 수 있는 일을 하면 오히려 잘 풀릴 수 있다.

재성이 과다한 경우

사업이 안 되고 재물손실을 볼 수 있다. 하지만 금융업종사자. 월급 사장 등에는 적합하다.

재성이 많으면 부양가족이 많고 일복이 터졌다. 재성이 없으면 할 일이 없다.

인성이 과다한 경우

배움에 집착하고 부모에게 의존하는 마마보이인 경우가 많다. 대체로 나태하고 게으르다.

부동산 투자에 강하며 어머니의 극성으로 성공가도를 달릴 수 있다.

십신으로 보는
배우자운

배우자 운이 나쁜 사주는 따로 있을까. 여성 사주에서 배우자와의 인연이 약한 사주는 다음과 같다.

사주원국에서 관성이 전혀 없는 경우
운에서 관성운 혹은 식상운이 오면 결혼할 수 있으나 이혼 또는 사별 가능성이 높다(늦게 결혼하거나 주말 부부처럼 떨어져 지내면 헤어질 가능성이 줄어든다).

 관성이 없으면 단명하거나 이혼수가 있는 남편을 만날 가능성이 높다.

사주원국에서 관성이 과다한 경우
많은 남성을 만나고, 남성을 상대로 한 직업을 갖거나 남성이 많은 근무처에서 일할 수 있다. 나이 차이가 나는 결혼을 하면 이혼 가능성이 줄어든다.

    양陽의 기운에 목木과 화火의 기운이 강하고 괴강, 백호, 양인살 여성은 이혼율이 높다.

사주원국에서 재성이 과다한 경우

나이 차이가 많이 나는 상대와 인연이 되거나 늦게 결혼하면 이별수가 줄어든다.

    음陰의 기운이 강한 사주나 금金과 수水가 많은 사주도 이혼율이 높다.

여자 사주의 배우자궁

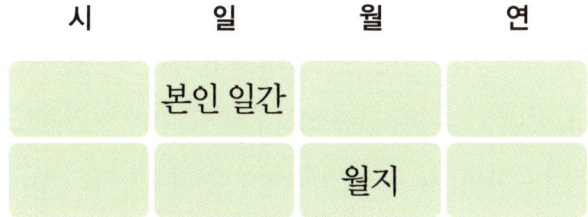

비겁 월지

남자에게 동등한 관계를 요구하며 친구처럼 의좋게 잘 지낸다. 하지만 일단 트러블이 생기면 크게 싸울 수 있다.

　남자가 경제적으로 알뜰하지 못한 경우가 많다.

식상 월지

　센스 있는 남자를 원한다. 그러므로 자칫 바람기 많은 남자를 만날 가능성이 있다.

　남자를 아이 다루듯 할 수 있으며 가정에 소홀한 편이다.

재성 월지

　남자에게 명령 또는 간섭을 잘하며 돈 벌어오는 기계 취급을 한다. 가정의 결정권을 여성 자신이 가지려고 한다.

관성 월지

　남편 자리에 남편성이 있어 남자를 잘 대우해주고 순종하는 편이다. 상대방 남자가 원하는 사주라 할 수 있지만 여성 입장에서는 고달플 수 있다(단 신강사주는 남편에게 굽히지 않는다).

인성 월지

　남자를 배려하고 수용하다 보니 남자가 엄마처럼 의지하려는 경향이 있으나 또 다정한 남자를 만날 확률이 크다.

남자 사주의 배우자궁

(남성은 일지를 기준으로 본다)

시	일	월	연
	본인 일간		
	일지		

비겁 일지

자존심이 강해 여자를 제압하려 하기도 하지만 대체로 친구 같고 남매 같은 부부 관계를 유지한다.

식상 일지

분위기를 타는 낭만주의 스타일이다. 자기 아내를 센스가 있고 예쁘다고 생각하는 팔불출이다. 여자 입장에서는 일편단심 좋은 남편감일 수 있다.

재성 일지

자기가 마음먹은 대로 해야 직성이 풀리는 스타일로 남편 말을 잘 따르는 여성을 배우자로 맞을 확률이 크다. 남자 입장에서는 좋으나 여성 입장에서는 좀 피곤하다.

관성 일지

남자는 원칙을 중요시하는 보수적인 남자이며 공처가일 가능성이 높다. 아내가 집안의 교통정리를 모두 하려고 한다.

인성 일지

남편이 사고뭉치 남편(특히 편인)일 가능성이 크다. 아내를 엄마처럼 여기고 여자 치마폭에 싸여 있는 경우가 많다. 남자 입장에서는 아내의 잔소리가 듣기 싫어 집에 일찍 들어오지 않을 수 있다.

1등 신랑감(남자 일지)	식상
2등 신랑감	정인 / 정관
3등 신랑감	비겁
4등 신랑감	편관 / 편인
5등 신랑감	편재

예문 본인 일주에서 육친을 뽑고 통변하는 법

시	일	월	연
정재	본인 일주	편관	상관
경庚(금)	정丁(화)	계癸(수)	무戊(토)
자子(수)	해亥(수)	해亥(수)	술戌(토)
편관	정관	정관	상관

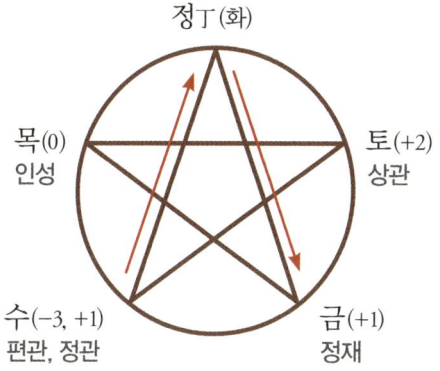

정丁(火) 일간의 주위를 둘러보니 나를 도와주는 오행은 없고 날 괴롭히는 관성과 내 기氣를 뺏어가는 재성 및 식상들만 있어 기운이 빨리는 사주다. 누구 하나 돌봐주는 이 없이 외롭고 고독하다. 산행을 즐기며 나무의 기운을 받으면 그나마 좋다.

또한 천을귀인인 해亥가 내 사주에 두 개나 있어 어려운 일이 있거나 풍파가 있어도 잘 헤쳐 나갈 것으로 보인다. 관성이 많아서 직장을 다니기보단 프리랜서로 일하는 게 적성에 맞다.

　이런 사주는 몸이 허약해 골골할 수 있으니 몸을 잘 관리하고 음식을 잘 보충해주어야 한다. 목木 일간을 갖고 있는 친구나 동료들을 만나면 기운을 받을 수 있다.

예문 본인 일주에서 육친을 뽑고 통변하는 법

시	일	월	연
비견	본인 일주	상관	겁재
기己(토)	기己(토)	경庚(금)	무戊(토)
사巳(화)	사巳(화)	신申(금)	술戌(토)
정인	정인	상관	겁재

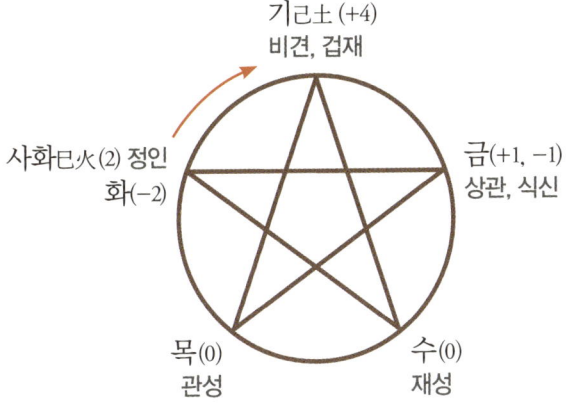

　나를 도와주고 내 편이 돼주는 비겁과 인성으로 가득한 신강 사주다.
　똑똑하고 당당해 보이지만 나를 견제하는 관성이 없어 누구의 통제를 받거나 남 밑에 있는 것을 죽기보다 싫어한다. 자기

주도적으로 일을 해나가는 자수성가 스타일이다.

재성인 수水가 없는 건조한 사주라 인색할 수 있지만, 대운이나 세운에서 재성을 만나면 사막에서 오아시스를 만난 것처럼 운세 흐름이 좋아질 수 있다.

자신의 기를 좀 누르고 주변을 살피면서 봉사심을 키우면 행복한 삶을 영위할 수 있다.

신강사주와
신약사주란?

일간이 강하면 신강하다고 하고 일간이 약하면 신약이라고 한다.

신강사주란 사주원국에서 인성과 비겁의 힘이 절반 이상으로 자리하고 나머지 식상, 재성, 관성의 힘이 절반 이하로 자리함을 뜻한다.

신약사주란 사주원국에서 식상, 재성, 관성의 성분의 힘이 절반을 넘어서고 인성과 비겁의 힘이 절반이 안 되는 것을 말한다.

사주 명리학에서 가장 우선적으로 판단해야 할 것은 그 사람의 사주가 신강인지 신약인지 판단하는 일이다.

신강사주

신강사주는 일간을 중심으로 자기를 응원하는 오행이나 이를 보완해주는 오행이 발달한 강한 사주로 대체로 강한 정신을 타고났다. 늘 정력적이고 힘이 넘친다.

신강하면 내 몸이 너무 강해 스스로 감당을 못하게 되는 상황에 놓이기도 하는데 이럴 땐 혈기왕성함을 누르고 힘을 빼주는 것이 필요하다.

신강사주는 운세가 나쁜 해를 맞아도 데미지가 크지 않은 편이다.

예문 **신강사주**

시	일	월	연
정丁(-火)	무戊(+土)	무戊(+土)	갑甲(+木)
사巳(-火)	인寅(+木)	진辰(+土)	자子(+水)

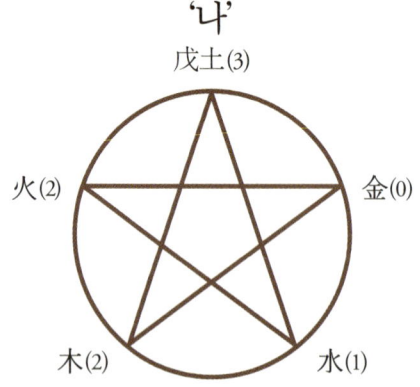

일간 '무토(戊土)'가 월령의 뿌리를 박았고 무토가 천간에 있어 강한 힘을 받는다.

사주가 모두 천간을 돕고 있기 때문에 신강사주로 볼 수 있다.

신약사주

신약사주는 일간을 중심으로 자기를 상징하는 오행이나 그것을 보강해주는 오행이 없어 약간의 파도나 바람에도 쉽게 흔들리는 약한 사주를 말한다.

기본적으로 소심하며 작은 말에도 상처를 입을 수 있는 소극적인 타입이라고 볼 수 있다. 일간을 뜻하는 자신이 주변 오행들의 공격을 받거나 뿌리가 허약하면 신약이 된다.

체질에 관계없이 신약사주는 늘 피곤해하고 힘들어한다. 워낙 몸이 허약하다 보니 보약이 필요한 사주다. 친구나 형제들의 격려 또한 많은 힘이 될 수 있다. 힘 자체가 딸려서 주변의 도움을 받아야 살아난다. 도움을 받는 오행을 만나면 신약에서 중화된 사주로 변한다.

대체로 신강하거나 신약해도 대운을 잘 만나면 힘이 솟을 수 있다. 반대로 신강하다 해도 대운을 잘못 만나면 힘이 빠지면서 하던 일도 계속 꼬일 수 있다.

신약사주는 운세가 나쁜 해를 맞으면 그 타격이 만만치 않을 수 있다.

예문 **신약사주**

시	일	월	연
을乙(-木)	임壬(+水)	정丁(-火)	신辛(-金)
사巳(-火)	오午(+火)	사巳(-火)	유酉(-金)

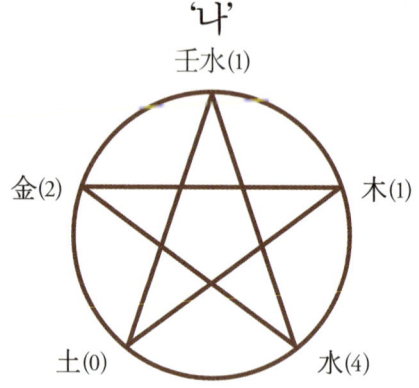

불길에 휩싸여 있는 형국이다. 나를 도와주는 신유辛酉가 있지만 불의 기운이 계속 극克하니 신변에 위협을 받을 수 있는 사

주다. 물을 가까이 하거나 강가 혹은 바닷가 인근에 살면서 일을 하면 기운을 얻을 수 있다.

5부

비장의 카드, 용신

용신의 개념

용신用神은 말 그대로 '신神을 쓴다用'란 뜻이다. 자신의 사주팔자에 없는 오행을 가리키거나 팔자의 태과불급을 조율해주는 오행을 가리킨다. 앞에서도 말했지만 사주팔자에서 오행이 2개씩 10개로 균형 있게 있다면 좋겠지만 팔자는 엄연히 8개여서 늘 부족하거나 넘칠 수밖에 없다. 좋은 운이란 부족한 것이 채워지고 넘치는 것을 제압하여 균형을 이루는 것인데 여기서 큰 역할을 하는 게 바로 용신이다. 용신은 자신의 사주에서 가장 필수적인 오행이자 자신의 부족한 부분이며 전체 사주의 균형을 잡아주는 오행이다.

용신 개념은 사주 명리학에서 하이라이트다. 단 용신 개념을 알면 자신의 부족한 부분을 채우면서 정체된 부분을 순환의 흐름으로 바꿀 수 있는 훈련에 돌입할 수 있다.

용신의
다섯 형식

1. 억부용신

한두 가지 오행이 강력할 때 사용한다. 신강 사주일 경우 나의 힘을 눌러주는 것이 필요하므로 나를 다스리는 관성이나 식상이 필요하다.

반대로 일간의 힘이 약한 신약사주라면 나를 살리는 인성 또는 나와 동류의 오행인 비겁이 용신이 된다.

가령 일간이 '갑목甲木'인데 사주에 목木과 수水가 많으면 신강사주로 자신의 강한 기운을 눌러주는 화火와 금金이 억부용신이다.

2. 조후용신

사주가 금/수로 몰려 차갑거나 반대로 뜨거울 때 사용한다. 추우면 따뜻하게, 더우면 시원하게 조종하는 용신을 말한다.

일간이 갑목甲木인 사람이 겨울에 태어났다면 일간을 따뜻하게 하는 화火가 조후용신이다. 반면 여름엔 수水가 조후용신이다.

3. 병약용신
특정 오행이 부족하거나 너무 많아 건강에 문제가 생기는 것을 방지하기 위한 용신법이다. 일간이 갑목木甲일 경우 수水가 필요한데 토土가 사이에 끼어 있어 막고 있으면 토土를 극하여 힘을 약화시키는 목木이 약이자 병약용신이다.

4. 통관용신
서로 상극인 오행이 팽팽히 맞서면 이를 소통시켜줄 필요가 있는데 이런 역할을 해주는 오행이 통관용신이다.
화火와 금金 사이에 토土가 있으면 상생되므로 토土가 통관용신이다.

5. 전왕용신
사주의 오행이 한쪽 방향으로 편중되어 있어 억제하기 곤란할 때 그 세력에 맞서는 가장 강한 오행을 전왕용신이라고 한다.

용신 잡는 법

우선 '용희기구한'의 개념을 살펴본 뒤 용신 잡는 법을 알아보자.

용신用神	사주에서 가장 중요하고 필요한 오행
희신喜神	용신과 상생하는 오행
기신忌神	용신을 극하는 오행
구신仇神	희신을 극하는 오행이나 기신을 생하는 오행
한신閑神	그 외의 오행

앞에서도 말했지만 용신은 내가 가장 필요로 하는 오행이다. 가령 사주에 목이 부족하면 물이 바로 용신이다.

용신을 돕는 것이 희신인데 용신과 희신은 자신을 이롭게 하는 오행을 뜻한다.

용신을 극하는 것은 꺼릴 기忌 자를 써 기신이라 한다.

구신의 '구'는 '원수 구仇'인 것처럼 기신과 구신은 자신에게 불리하게 작용한다.

한신은 이쪽도 저쪽도 아닌 상태에 머물러 있는 것을 말한다.

'한가할 한閑'을 쓴 것처럼 그냥 맥 놓고 있는 것을 뜻한다.

그렇다면 실제 용신은 어떻게 잡아야 할까?

다음의 경우를 살펴보자.

사주에서 식상이 강해 신약할 경우: 일간을 생하며 식상을 극하는 인성이 용신이고 식상을 설기하는 재성이 바로 용신을 돕는 희신이다.

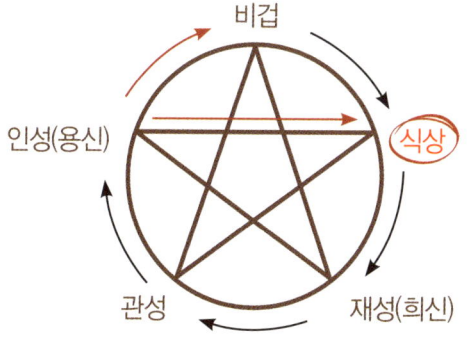

사주에서 재성이 강해 신약할 경우: 재성을 극하며 일주를 신강하게 하는 비겁이 용신이고 재성을 설기하는 관성이 희신이다.

사주에서 관성이 강해 신약할 경우: 관성을 설기하며 일주를 생하는 인성이 용신이고 관성을 극하는 식상이 희신이다.

인성이 강하고 비겁이 약해 중화 또는 신강할 경우: 인성을 극하는 재성이 용신이고 비겁을 설기하며 재성을 돕는 식상이 희신이다.

인성도 강하고 비겁도 강해 중화 또는 신강할 경우: 인성을 극하며 관성을 도와 비겁의 힘까지 설기하는 재성이 용신이고 비겁의 힘을 빼는 식상이 희신이다.

비겁이 강하고 인성이 약할 경우: 비겁을 설기하는 식상이 용신이고 인성을 생하여 일간을 돕고 비겁을 극하는 관성이 희신이다.

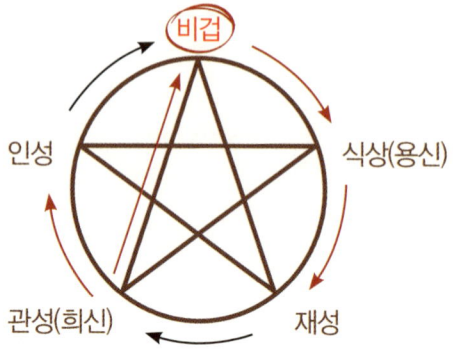

6부

남다른 개성과 내공으로 존재감을 드러내는 삶

살殺은 일단 변화와 이동, 충돌의 기운을 상징하며 자유, 독립, 명예, 고집으로 모든 사람들을 제압하는 강렬한 힘이다.

각종 살들은 잘만 쓰면 자신의 존재감을 드러낼 수 있는 비장의 무기가 될 수 있다.

이 시대에 꼭 필요한 살이니 본인 사주에 있다고 불편하게 생각지 말고 나만의 스타일로 미친 존재감을 드러내보자.

도화살 桃花殺

도화살 桃花殺은 '자오묘유子午卯酉'에 해당한다. 그러므로 사주에 '자오묘유'가 없는 사람은 도화가 전혀 없다고 볼 수 있다.

도화살은 호색과 음란을 주재하는 살로서 간단히 말해서 색色과 관련 있다. 일지를 기준으로 도화가 들면 기운이 더욱 강력하게 작용한다.

남녀를 불문하고 도화살이 있는 사람들은 매력을 발산하며 한눈에 사람을 확 잡아끈다. 요즘 같은 시대에 도화가 한 개 정도는 있어야 인기를 누릴 수 있다. 하지만 도화가 자신이 컨트롤할 수 있는 범위를 넘어서 작용하면 화류계에 빠져 패가망신도 할 수 있으니 주의를 요한다.

연월에 있으면 **장외도화** 牆外桃花
- 담장 밖에 있다는 뜻

일시에 있으면 **장내도화** 牆內桃花
- 담장 안에 있다는 뜻

도화가 서너 개 있으면 **편야도화** 遍野桃花
- 들판에 쫙 깔렸다는 뜻

도화가 서너 개 합이 되면 **풍류도화** 風流桃花
- 복숭아꽃이 활짝 피었다는 뜻

역마살驛馬殺은 '인사신해寅巳申亥'에 해당한다. 활동적이고 움직임이 큰 게 특징이다.

사주에 역마가 있으면 항상 분주하고 외국 나들이가 잦을 뿐 아니라 타향에서 동분서주하며 떠돌아다닌다.

앉아서 일하는 직업보다 비행사, 스튜어디스, 무역업, 외교관 등 해외로 드나드는 활동적인 직업을 선택하면 좋다.

화개살華蓋殺은 '진술축미辰戌丑未'에 해당하며 명예살이라고도 한다.

명예, 예술, 문학, 고독, 학문, 종교를 뜻하는 살로 화개살이 있으면 글재주에 미적 감각이 뛰어나고 지혜롭다.

하지만 학문이나 기계에는 밝아도 고독할 수가 있다. 독립적이고 자유로운 직업이 좋다.

역술인, 수도승, 의사, 연예인들이 화개살이 있는 경우가 많다.

괴강살魁罡殺은 이름만으로도 범상치 않게 느껴진다. 사주에 이런 살이 있으면 기세가 등등하고 결코 호락호락하지 않다.

괴강살은 괴강이라는 별에서 뿜어져 나오는 살이라는 뜻으로 모든 사람을 제압하는 강력한 살이다. 괴강살이 낀 남자는 강직한 성격에 토론을 좋아하고 여자는 용모는 예쁘지만 고집이 세서 이혼을 했거나 과부인 경우가 많다.

| 무戊 | 무戊 | 경庚 | 경庚 | 임壬 | 임壬 |
| 진辰 | 술戌 | 진辰 | 술戌 | 진辰 | 술戌 |

예문

사주 어느 기둥이나 상하 나란히

| 경庚 | 계癸 | 계癸 | 무戊 |
| 술戌 | 사巳 | 미未 | 진辰 |

6부 남다른 개성과 내공으로 존재감을 드러내는 살

백호살 白虎殺

백호살白虎殺은 호랑이를 만나 피를 철철 흘린다는 살로 이 살이 낀 사람은 파란만장한 인생을 살 수밖에 없다.

돌발 사고나 액을 겪을 수 있지만 군인이나 경찰, 공무원 직업을 가지면 오히려 좋게 작용할 수 있다.

예문

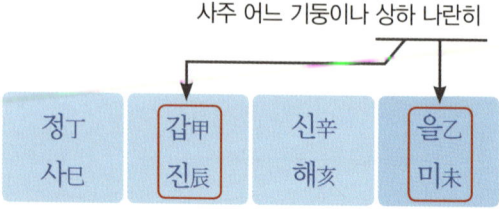

사주 어느 기둥이나 상하 나란히

★ 특히 일주에 있으면 정통 백호다.

양인살 羊刃殺

양인살 羊刃殺은 성격이 급하고 흉폭하고 다툼, 지배욕구가 강하다.

양인살 역시 군인이나 검찰, 공무원에 종사하면 좋게 작용한다.

1. 일간 기준 지지 어디에나

갑甲	병丙	무戊	경庚	임壬
묘卯	오午	오午	유酉	자子

2. 사주 어느 기둥이나 상하 나란히

병丙	무戊	임壬
오午	오午	자子

예문

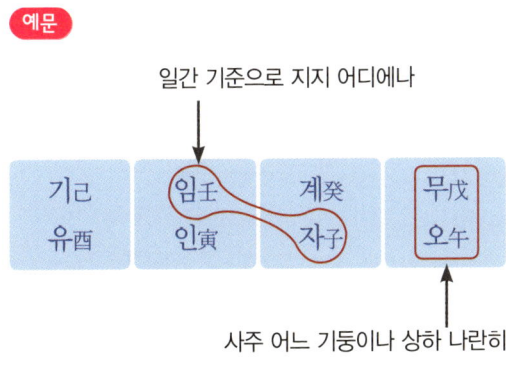

일간 기준으로 지지 어디에나

사주 어느 기둥이나 상하 나란히

귀인의 별자리
(천을귀인)

운기運氣를 나쁘게 만드는 방해자로부터 지켜주고 도와주는 귀인의 별자리를 말한다.

예문

본인 일간에서

상대방 지지 어디에나

상대방 지지에 있는지 눈 씻고 찾아보자.

본인의 일간

갑甲	을乙	병丙	정丁	무戊	기己	경庚	신辛	임壬	계癸
축丑 미未	자子 신申	해亥 유酉	해亥 유酉	축丑 미未	자子 신申	축丑 미未	오午 인寅	사巳 묘卯	사巳 묘卯

상대방 지지

부록

이사할 때 피해야 할 방향
삼살방과 대장군 방향이란?

이사하는 데 나쁜 방향(삼살방)

이사를 생각한다면 어떤 집이 좋은지 위치나 향, 혹은 계약 조건 등에 대해 꼼꼼히 따져봐야 한다. 우선 이사할 때 피해야 할 방향은 없는지 미리 점쳐보자. 이사할 때 나쁜 방향을 보통 삼살방三煞方이라 한다. 삼살방은 말 그대로 3가지 살이 있는 방향을 뜻한다. 바로 겁살, 재살, 천살이 그것이다(이 삼살은 12신살 중 3개다).

- **겁살** 돌발사고, 재물 손실, 산재, 신체 파손, 부부 이별, 비명횡사, 질병 등이 해당된다.
- **재살** 관재구설, 교통사고, 강탈, 횡액 등을 의미한다.
- **천살** (하늘의 살) 천재지변 등 뜻하지 않는 액살을 말한다.

삼살방은 1년마다 바뀐다.

인오술寅午戌년(범, 말, 개띠 해)은 북쪽이 삼살 방향이다.

사유축巳酉丑년(뱀, 닭, 소띠 해)은 동쪽이 삼살 방향이다.

신자진申子辰년(원숭이, 쥐, 용띠 해)은 남쪽이 삼살 방향이다.

해묘미亥卯未년(돼지, 토끼, 양띠 해)은 서쪽이 삼살 방향이다.

그러면 2016년 삼살 방향은 어느 방향일까? 2016년은 병신丙申년으로 신자진년에 해당하므로 남쪽이다. 삼살방으로 이사를 잘못하면 탈이 나고 흉하면 큰 사고나 사망에도 이를 수 있다.

이사하는 데 나쁜 방향(대장군 방위)

대장군 방위로 이사, 증개축, 신축을 하면 우환과 질병이 따를 수 있고 손재수 등 다양한 형태의 고통이 따를 수 있어 조심해야 한다.

인묘진寅卯辰의 방합년方合年 대장군 방위는 방합의 끝자인 '辰土'와 같은 신자진申子辰 삼합지지의 중간자인 자수子水의 방위인 북쪽이 대장군 방향이다.

사오미巳午未의 방합년 대장군 방위는 방합의 끝자인 '未土'와 같은 해묘미亥卯未 삼합지지의 중간자인 묘목卯木의 방위인 동쪽이 대장군 방향이다.

신유술申酉戌의 방합년 대장군 방위는 방합의 끝자인 '戌土'와 같은 인오술寅午戌 삼합지지의 중간자인 오화午火의 방위인 남쪽이 대장군 방향이다.

해자축亥子丑의 방합년 대장군 방위는 방합의 끝자인 '丑土'와 같은 사유축巳酉丑 삼합지지 중간자인 유금酉金의 방위인 서쪽이 대장군 방향이다.

인寅	묘卯	진辰	– 북北
사巳	오午	미未	– 동東
신申	유酉	술戌	– 남南
해亥	자子	축丑	– 서西

삼살방이나 대장군 방향은 본인이나 가족의 안위를 고려할 때 가지 말아야 할 방향이나, 가지 말아야 할 지역이 있으니 삼살방이나 대장군 방향은 피하는 것이 좋다. 천기에너지는 이 지구상에 거주하는 모든 사람에게 항상 균등하게 작용한다.

부득이한 경우에서 삼살방이나 대장군 방향으로 이사를 할 경우에는 이사 가는 집을 돌아서 가면 액을 면한다고 한다.

택일법
손 있는 날! 손 없는 날!

택일이란 나쁜 날을 피해 좋은 날을 잡는 방법인데 결혼, 약혼, 이사, 개업, 중요 행사, 중요 계약, 미팅 시 생기生氣, 복덕福德, 천의天宜 일로 잡아 택일한다.

천의는 만사 대통하는 날

(단, 만 나이로 하지 않고 음력 나이를 기준으로 한다)

사람들이 살면서 결혼, 개업 등 중요한 행사가 있을 때 가장 중요하게 생각하는 것이 바로 택일일 것이다. 택일은 보통 음력을 기준으로 하는데 음력 9. 10. 19. 20. 29. 30일은 악귀가 하늘로 올라가 쉬는 날이라든지 나쁜 신들이 회의를 하는 날이라 해서 그날만큼은 활동에 제약을 받지 않는다고 보았다.

흉한 날을 피하고 좋은 날을 가려 날을 잡아보자.

택일법을 참고하지 않고 아무 때나 날을 정하면 풍파가 있고 가정에 잔잔한 훈기가 없으며 부부간 싸움이 잦고 여러 가지 풍파가 닥치게 되어 살아가는 데 어려움이 많다.

생기生氣, 복덕福德, 천의天宜의 도표

남녀 나이	생기일 生氣日	복덕일 福德日	천의일 天宜日
男 2, 10, 18, 26, 34, 42, 50, 58, 66, 74, 82, 90	무해戌亥	미신未申	오午
女 3, 10, 18, 26, 34, 42, 50, 58, 66, 74, 82, 90	술해戌亥	미신未申	오午
男 3, 11, 19, 27, 35, 43, 51, 59, 67, 75, 83, 91	유酉	축인丑寅	묘卯
女 2, 9, 17, 25, 33, 41, 49, 57, 65, 73, 81, 89	유酉	축인丑寅	묘卯
男 4, 12, 20, 28, 36, 44, 52, 60, 68, 76, 84, 92	진사辰巳	묘卯	축인丑寅
女 1, 8, 16, 24, 32, 40, 48, 56, 64, 72, 80, 88	진사辰巳	묘卯	축인丑寅
男 5, 13, 21, 29, 37, 45, 53, 61, 69, 77, 85, 93	미신未申	술해戌亥	자子
女 15, 23, 31, 39, 47, 55, 63, 71, 79, 87, 95	미신未申	술해戌亥	자子
男 6, 14, 22, 30, 38, 46, 54, 62, 70, 78, 86, 94	오午	자子	술해戌亥
女 7, 14, 22, 30, 38, 46, 54, 62, 70, 78, 86, 94	오午	자子	술해戌亥
男 7, 15, 23, 31, 39, 47, 55, 63, 71, 79, 87, 95	자子	오午	미신未申
女 6, 13, 21, 29, 37, 45, 53, 65, 69, 77, 85, 93	자子	오午	미신未申
男 1, 8, 16, 24, 32, 40, 48, 54, 64, 72, 80, 88	묘卯	진사辰巳	유酉
女 5, 12, 20, 28, 36, 44, 52, 60, 68, 76, 84, 92	묘卯	진사辰巳	유酉
男 9, 17, 25, 33, 41, 49, 57, 65, 73, 81, 89, 97	축인丑寅	유酉	진사辰巳
女 4, 11, 19, 27, 35, 43, 51, 59, 67, 75, 83, 91	축인丑寅	유酉	진사辰巳

예문 2010년 7월 (土 日) 중으로 결혼 택일

남자 음력 1980년 5월 12일 해亥시

시	일	월	연
계癸	무戊	임壬	경庚
해亥	진辰	오午	신申

여자 음력 1985년 10월 18일 묘卯시

시	일	월	연
계癸	임壬	정丁	을乙
묘卯	신申	해亥	축丑

생기生氣 복덕福德 천의天宜의 날

남 31 자子 오午 미未 신申
여 26 술戌 해亥 미未 신申 오午

~~甲 乙 辛 壬 戊 己 乙 丙~~ 壬
~~寅 卯 酉 戌 辰 巳 亥 子~~ 午

"생기生氣 복덕福德 천의天宜 날이 아니다."
"일지에서 충沖한다."
"불혼일 복단일은 안 된다."

결혼식 날짜는 2010년 7월 31일(임오壬午)

세운이 들어올 때 본인 일간을 기준으로 보는 십신운

비견운이 들어올 때

도전하고 싶은 마음이 꿈틀거리는 해다. 낭비를 주의하고 큰 투자로 일확천금을 노리는 야무진 꿈만 버린다면 손해볼 일은 없다.

겁재운이 들어올 때

결과의 좋고 나쁘고를 떠나 그동안 미루어왔던 일을 실행하는 해다. 애인이나 배우자와의 애정운은 그리 좋지 않으나 금전 문제는 의외로 술술 풀릴 수 있다. 새로운 일에 착수하면서 도장이 항상 따라다닌다.

식신운이 들어올 때

자신의 재능과 감각을 살려 표현하는 해다.

탁월한 감수성을 무기로 인정받는 한 해로 만들 수 있다.

상관운이 들어올 때
여기저기 많이 불려다니며 인기를 한꺼번에 독차지하는 해다.

멋을 한껏 부리며 자기 투자에 시간을 아끼지 않는 한 해가 될 것이다.

편재운이 들어올 때
고정적인 수입보다는 재산을 크게 불리고 싶은 욕심이 생기는 한 해다.

남성이라면 새로운 애인이 생기거나 결혼에 골인할 수도 있다. 단 연인과 삼각관계가 일어나기 쉬우니 핸드폰 비밀번호를 잘 관리하는 센스가 필요하다.

정재운이 들어올 때
적극적인 활약으로 인맥을 넓혀가는 해다.

사교운과 금전운이 활발한 한 해로 좋은 파트너를 만나거나 생각지도 못한 부수입이 생기기도 한다. 인맥을 넓혀가는 해이므로 이참에 멋진 신발 한 켤레 장만해 더 넓은 인맥을 만들어가는 것도 나쁘지 않다.

편관운이 들어올 때

노력의 결실이 윗사람에게 인정받는 한 해다.

 승진을 하거나 명예가 급상승할 수 있고 남편이나 애인과의 사이가 급격히 좋아진다.

 가끔은 분위기 좋은 곳에서 사랑하는 사람과 애정지수를 높이는 깜짝 이벤트를 준비해보는 건 어떨까?

정관운이 들어올 때

어려운 난관을 딛고 성장하는 한 해로 어려움에 닥쳐도 배짱으로 밀고 나간다.

 자식으로 인한 경사도 기대되고 애인이 생기거나 여기저기서 혼담이 들어와 주일마다 피곤할 수도 있다.

편인운이 들어올 때

여태까지 해왔던 일들이 결실을 맺는 해다.

 강력한 파트너의 도움으로 전진할 수 있는 기회가 생기며 자격증 취득을 위한 계획을 세워보거나 집 장만하는 기회도 생길 수 있다.

정인운이 들어올 때

자기성취를 위한 배움의 기회가 많이 주어지는 해다. 짜증과 싫증이 오가는 갈등을 겪을 수 있지만 오히려 자기 자신을 돌아보는 기회가 되기도 한다.

침술, 역술, 컴퓨터, 외국어 등 자기성취를 위한 배움의 기회가 많이 주어진다.

술술 풀리는 사주
인생이 꼬인 사람들을 위한 사주풀이 실전편

초판 1쇄 인쇄 2016년 2월 15일
초판 1쇄 발행 2016년 2월 15일

지은이 엄나연
발행 (주)조선뉴스프레스
발행인 김창기
기획편집 박미정, 임보아
판매 방경록, 최종현
디자인 이유진, 강다원

편집 문의 724-6782
구입 문의 724-6796, 6797
등록 제301-2001-037호
등록일자 2001년 1월 9일
주소 서울특별시 마포구 상암산로 34 DMC 디지털큐브 13층
값 13,000원

ISBN 979-11-5578-407-5 13180

※ 저자와 협의하여 인지를 생략합니다.

이 도서의 국립중앙도서관 출판시도서목록(CIP)은 서지정보유통지원시스템 홈페이지(http://seoji.nl.go.kr)와
국가자료공동목록시스템(http://www.nl.go.kr/kolisnet)에서 이용하실 수 있습니다.
(CIP제어번호: CIP2016002901)